CHRISTIAN HENNECKE
Raus in eine neue Freiheit!

CHRISTIAN
HENNECKE

Raus in eine neue Freiheit!

Die
Überwindung
der klerikalen
Kirche

Kösel

Penguin Random House Verlagsgruppe FSC® N001967

Copyright © 2021 Kösel-Verlag, München,
in der Penguin Random House Verlagsgruppe GmbH,
Neumarkter Str. 28, 81673 München
Umschlaggestaltung: zero-media.net, München
Umschlagmotiv: © FinePic®, München
Redaktion: Vera Baschlakow, Berlin
Satz: Satzwerk Huber, Germering
Druck und Bindung: GGP Media GmbH, Pößneck
Printed in Germany
ISBN 978-3-466-37273-7
www.koesel.de

Inhalt

Ein emotionales Vorwort –
Ich will hier raus!

Ein Kirchengefüge löst sich vor unseren Augen auf. Die letzten Jahre haben und hatten es in sich: Immer wieder neue Skandale lassen ohnehin hohe Austrittszahlen in die Höhe schnellen. Das berechtigte Klagen und Seufzen, die emotionale Trauer, die wachsende Aggressivität und Wut, die ungeheure Hilflosigkeit und auch die Ratlosigkeit machen deutlich, wie unlösbar diese Situation ist und wird.

In dieser tiefen Krise gibt es wieder jene Propheten des Untergangs, der kommenden Apokalypse. Wir hören immer wieder endzeitliche Mahnungen, dass jetzt die letzte Gelegenheit gekommen ist, die Kirche endlich besser zu organisieren und so zu gestalten, dass sie attraktiv, relevant, faszinierend, zeit- und milieusensibel wird. Sonst stirbt die Kirche.

Das glaube ich nicht. Und ich kann diese apokalyptische Prosa nicht mehr hören. Ich ertrage es einfach nicht mehr. Und ich will auch nicht mehr so gerne mitdiskutieren. Weil es sich jedes Mal, jedes Jahr, zu jeder Gelegenheit, wiederholt, im Kreis dreht und alle Medien füllt.

Ich will hier raus!

Und mich wundert nicht wenig, wie merkwürdig verfangen in Gefügen gewachsener Bilder sich diese Diskussionen abspielen –

dieselben Schuldigen, dieselben Forderungen, dieselben Blöden. Merkt das denn keiner?

Denn es geht einfach um mehr. Es geht um einen echten Wandel, eine Wandlung, eine Transformation. Wir stecken mitten drin in einem notwendenden Sterbeprozess und einem notwendigen Neubeginn: Neues wird geboren – nicht geplant, nicht gewollt, erlitten und ersehnt. Der Tod eines Gefüges – und das Hervorgebracht-Werden, das Wachsen, das Ins-Leben-Kommen einer neuen Gegenwartsgestalt des Evangeliums.

Aber tendenziell beschäftigt man sich in den Diskussionen in ratloser Aggressivität und mutloser Polemik mit dem Zerbrechen des bisherigen Gefüges und den wenig aussichtsreichen Versuchen der Veränderung. Die Passung des Gesamtgefüges stimmt jedoch nicht mehr. Es geht nicht um einzelne Facetten, sondern um das Ganze: Wundpflaster sind kein Aufbruch.

Ich will da raus! Raus aus diesem lähmenden Gefüge. Raus in eine neue Freiheit. Und deswegen gilt: Ich will ausbrechen – nicht nur aufbrechen.

Corona als Bewusstseinsbeschleuniger

Die letzten Monate, ja mehr als ein Jahr, hatten es in sich: Die Coronakrise ist offenbarend. Und was sich hier zeigt, ist mehr als nur eine Krisenaufnahme: Die Klage über das Schweigen der Kirche und die Frage nach ihrer Systemrelevanz ist verräterisch. Soll eine Kirche in dieses Gesellschaftssystem eingebunden sein und damit unverzichtbar werden? Für wen? Was ist genau gemeint? Ist wieder nur gemeint, dass die alten Stellungen modernisiert werden und die Institution sich über ihre Bischöfe meldet, mahnt, drängt (was sie im Übrigen getan hat)? Fällt denn nicht auf, dass in allen diesen Kontexten ein klerikal-machtvolles und institutionelles Bild zementiert werden soll? Selbst von denen, die das gar nicht zugeben würden?

Und umgekehrt wird seit dem Lockdown auch sehr deutlich, dass eine klerikale Kirche nicht ungebrochen weiterbestehen wird. Von einem weitgehenden Kontrollverlust ist hier oft die Rede gewesen. So wie es beschrieben werden könnte, wäre das negativ konnotiert. Geht es nicht im Gegenteil um eine Freilegung ungeheurer christlicher Kreativität und Freiheit? So wie im Netz vielfältige Gottesdienste mit hoher Partizipation und Gleichwürdigkeit gestaltet wurden, so entstanden – oft unsichtbar – viele Netzwerke der Nachbarschaft und Initiativen der Nächstenliebe, in selbstverantworteter Kooperation und selbstverständlicher Ökumene.

Entsteht hier nicht eine neue Perspektive des Kircheseins? Wird hier nicht über-sichtbar, was mit dem mündig werdenden Volk Gottes gemeint ist? Wieso dann die besorgte Rede vom Kontrollverlust?

Zeigt sich in den Folgen der Pandemie, ersehnt und notwendend erzwungen, nicht das Ende eines Gefüges und der Anfang von Neuem?

Was soll also das trotzige Weiter-so? Das Weiter-so der Diskussionen, die doch vor allem eine schon lange nicht mehr relevante Vergangenheit immer wieder traumatisch umkreisen. Ich kann es gut verstehen, wenn viele sich gegen eine frauendiskriminierende Kirche wenden und wenn viele neue Amtsmodelle fordern. Und unbedingt nötig ist es, den sexuellen Missbrauch transparent aufzuarbeiten und den Machtmissbrauch anzuklagen, aber schon die MHG-Studie* macht deutlich, dass das gewachsene kirchliche Sys-

---

* Die MHG-Studie war ein interdisziplinäres Forschungsprojekt zum Thema Sexueller Missbrauch in der römisch-katholischen Kirche in Deutschland, das in den Jahren 2014 bis 2018 von einem Forschungsverbund aus Experten mehrerer universitärer Institute durchgeführt wurde.

tem als Ganzes versagt hat. Eine Revolution steht an, die dann aber keinen unberührt lassen wird. Panta rhei!

Die Diskussionen, die ich verfolgen muss, sind jedoch nicht radikal genug. Die Gefügetreue und die geprägten Bilder und Antibilder sind zu routiniert. Kein Wunder, dass der Beifall groß ist. Was alle eint, ist eine Bilder- und Konzeptwelt längst und endgültig vergangener Zeiten.

Ich will aus diesen Sprachspielen und immer selben Filmen heraus. Sie nehmen gefangen in alte Bilder. Sie passen nicht mehr und müssen auch nicht passen. Entspricht dies nicht genau dem Anliegen einer lokalen Kirchenentwicklung, die doch nichts anderes ins Licht rücken möchte als das Werden einer selbstbewussten Bewegung von Christinnen und Christen, die aus der Kraft des Evangeliums die Zukunft überall dort gestalten, wo der Geist sie hinruft?

Ein synodaler Weg?

Die letzten Monate hatten und haben es in sich. Der synodale Weg hat begonnen und ist doch durch die Coronakrise ins Stocken geraten. Aber auch hier finde ich ähnliche Mechanismen. Auf der einen Seite scheint es so, als ginge es nur darum, dass endlich einige Bischöfe verstehen, was die wirklich wichtigen Themen der Kirche sind. Polarisierungen bleiben und vertiefen sich – auf der anderen Seite stehen jene, die schon ein Schisma der deutschen Kirche von Rom vorhersagen. Und es scheinen eine Reihe von Konflikten konstitutiv unlösbar, zumal gerne argumentativ und emotional hochgerüstet wird: Es sei die letzte Chance der Kirche. Und in der Tat: Ich gebe dieser Kirchenkonstellation keine große Chance. Es wäre gut, wenn wir nicht weiter an einem immer weniger prägenden Modell der Kirche reformierend herumbasteln. Es wäre gut zu erkennen, dass es nicht nur um einen liberalen oder konservativen Aufbruch geht (die Kategorien sind ohnehin hinfällig), sondern um eine Transformation, die endlich und schmerzhaft eine wirkmächtige Kirchengestalt zum Ende bringt und dem Evangelium eine neue Chance gibt.

»Nichts Neues unter der Sonne«: In Pfadabhängigkeiten

Ein Ausbruch, nicht einfach eine Reform. Darum geht es. Es geht um ein Jenseits der klerikalen Machtdiskussionen, die doch selbst kein bisschen weiter gehen, als diese Macht zu demokratisieren und dann Macht eben auf andere aufzuteilen. Das ist für mich abstoßend: Wir bleiben im selben Gefüge des Oben-Unten und haben es jetzt gegendert. Das soll es schon sein?

Hier habe ich ein neues Wort gelernt. Wir sind alle auf Pfaden unterwegs und denken auf diesen Pfaden weiter. Auch Reformen der Kirche – gewollte, gewünschte oder zu vermeidende – reflektieren häufig – und hoffentlich unbewusst – die Denk- und Kulturgefüge der Wirklichkeit, die es zu verändern gilt. Hier spricht man von Pfadabhängigkeiten. Der Begriff ist wissenschaftlich vorgeprägt. Ohne die Diskussion hier führen zu wollen und zu können, geht es aber ganz einfach darum, dass auch Veränderungsprozesse letztlich im Gefüge stecken bleiben, aus dem sie stammen. Man könnte sagen: Entwicklungsprozesse übersteigen oft nicht den Rahmen des Gefüges, aus dem sie stammen. Echte Innovation geschieht so nicht – es bleibt alles beim neuen Alten.

Über Pfadabhängigkeiten diskutierte schon Kohelet. Hier gibt es eben nichts Neues unter der Sonne. Und in der Tat fällt mir bei den aufgeregten Veränderungsdiskussionen auf, dass die hintergründige Kirchenarchitektur bei Befürwortern und leidenschaftlichen Akteuren des Wandels immer noch ein bisheriges Kirchenbild fördert oder bekämpft. Das sind Pfadabhängigkeiten. Es ist spannend, hierbei zu beobachten, dass dies den Diskutierenden oft gar nicht bewusst ist.

Beispiele gibt es viele, gerade in jüngster Zeit. Man denke an die Priesterausbildung. Es ist seit Jahrzehnten klar, dass die Zahl der Seminare zu hoch ist. Seit 2006 verfolge ich die Diskussion um die Zukunft der Seminare, die Größe der Ausbildungskommunitäten, die Länge der Praktika, die geistliche Ausbildung. Und wenn in diesem Jahr neu vorgeschlagen wird, alle Seminaristen in drei Seminaren deutschlandweit auszubilden, und die pawlowschen Reflexe der betroffenen Bischöfe und Fakultäten sich sofort zeigen, dann sind dennoch entscheidende Fragen nicht beantwortet: Ist die derzeitige Gestalt der Ausbildung überhaupt geeignet, um Priester für das 21. Jahrhundert auszubilden? Welche Art akademisch präsenter Theologie braucht es in Deutschland? Welcher Art von Amtsträgern bedarf es? Pfadabhängigkeiten verhindern hier ein neues Denken, eine neue Praxis, die auf diese Fragen antworten könnte.

Und ja, auf dieses neue Denken habe ich Lust, aber nicht auf das Bepflastern von Defiziten und Selbstwahrnehmungen, die sich gegen Veränderungen immunisieren, und dies mit einem ungebrochenen Selbstbewusstsein.

Die Heftigkeit der Reaktionen, die Überemotionalisierung der Diskussionen machen nur eines deutlich: Viele spüren, dass es ernst geworden ist. Sie spüren, dass sie etwas verlieren könnten. Ob wir über Räte und ihre Zukunft diskutieren, über kirchliche Berufsgruppen, Priesterseminare, priesterliche Leitungsfragen, Frauenordination, über Sakramente und ihre Feier, über die Eucharistie und andere Liturgien, über die Systemrelevanz der Kirche, Austrittszahlen und ihre Bedeutung – alles gerät in Bewegung, aber leider werden in diesen heftigen Diskussionen auch die Pfadabhängigkeiten umso sichtbarer.

Das ist kein Wunder, aber es ist unfruchtbar. Am Ende kommen wir nicht weiter. Denn wir stehen vor einem tiefen Transformationsgeschehen, und das verlangt einen Ausbruch aus den gewohnten Frontstellungen, aus den argumentativen Schützengräben.

Und genau hier liegt mein Interesse: Wie können wir denn wirklich neue Pfade beschreiten? Könnte es nicht sein, dass die Zeit, in der wir die Gnade haben zu leben, neu freilegt, worum es im Ursprung des Evangeliums geht? Und wie das Feuer des Ursprungs und der Tradition neu gelebt und so auch bedacht werden kann? Und auch umgekehrt.

Kann es nicht sein, dass etwas neu ins Leben kommt? Ich erinnere mich an einen spektakulären Vortrag von Paul Zulehner. Die Erneuerung der Kirche formulierte er im Blick auf den kinderlosen Abraham und seine alte Frau Sara: »Tötet die Alte nicht, sie kann noch fruchtbar werden ...« Und sie wurde es.

Aber es liegt auf der Hand: In dieser gnadenhaften und doch verheißungsvollen Fruchtbarkeit geht es um das Alte und das Neue, das Sterben und Geborenwerden – und nicht um eine Verjüngungskur.

Könnten wir also nicht aufhören, ständig über die Unfruchtbarkeit zu diskutieren, sondern vielmehr das Sterben aushalten und die neue Geburt wahrnehmen, die sich gerade ereignet?

Hildesheim, im April 2021

Jenseits der Strukturen – Die neue Freiheit des Evangeliums

Damals war es elektrisierend, die Überlegungen von Danièle Hervieu-Léger zu lesen. Vor inzwischen zwanzig Jahren gab die französische Religionssoziologin und Katholizismusforscherin mir (und vielen anderen) Worte für die Beschreibung einer Situation. Im Hinblick auf die französische Situation sprach sie davon, dass es kaum noch »praktizierende Katholiken« in der klassischen und ererbten Konfiguration gäbe. Sie seien eine aussterbende Spezies. Gleichzeitig hatte sie eine neue Typologie von Katholikinnen und Katholiken ausfindig gemacht. Sie sprach von Pilgern auf der einen und von Konvertiten auf der anderen Seite.

Das hat mich überzeugt. Pilger, so Hervieu-Léger, sind Menschen, die sich auf einer offenen Suche befinden. Sie sind offen und auch neugierig, durchaus auch auf religiöse Glaubenserfahrungen, aber keineswegs begierig, sich an eine Gemeinde oder Kirchengestalt dauerhaft zu binden. In dieser Suche sind sie keineswegs unverbindlich! Es ist eine Verbindlichkeit, die dazu führt, dass sich Menschen für mehrere Wochen auf den Weg nach Santiago de Compostela machen: Pilger eben, die sich aussetzen, sich einlassen auf neue Wege und finden oder gefunden werden.

Wir finden sie auch bei Kirchentagen, Weltjugendtagen, in Taizé und an anderen Orten: Menschen, die viel an Zeit und Energie investieren für eine Erfahrung, die sie doch nicht »im Griff« haben. All das aber – auch wenn es keine kleinen Zahlen sind – wirkt sich in keiner Weise aus in einer Bestandserhaltung gemeindlicher Vitalität. Eher ist es so, dass sich die Erfahrung des Kircheseins offensichtlich orientiert an der Erfahrbarkeit und der daraus resultierenden Authentizität der Wirksamkeit des Evangeliums.

Pilger sind auf dem Weg. Das ist ihre Grundcharakteristik. Und sie bleiben auf dem Weg. Dadurch unterscheidet sich die damit gegebene Grundkonstellation fundamental von der Idee einer stabilen Gemeindeerfahrung, wie sie in vergangenen Jahrzehnten proklamiert wurde.

Die unterschiedlichen Merkmale lassen sich kurz fokussieren. Während die restvolkskirchliche Gemeindewirklichkeit – gegen die offensichtliche und erfahrbare Wirklichkeit – einfach voraussetzte, dass Menschen in ihrem Glauben an das Evangelium schon irgendwie geprägt sind und dies dann weiter kirchlich-gemeindlich einüben können, geht die Erfahrung des Pilgerseins hingegen davon aus, dass jeder und jede auf seinem oder ihrem Weg ist, auf seiner oder ihrer Suche – und der Glaubensweg ein Abenteuer mit offenem Ausgang ist. Es ist kein erreichbarer »Status« oder »Stand« zu finden, und keine Institution oder Instanz kann machtvoll den Glauben vermitteln, vorgeben und normieren.

Eigentlich wissen wir das schon. Der Unterschied zwischen vierzehnjährigen Teenagern und neunzigjährigen Mitchristen ist nicht mehr auszumachen: Sie tun, was sie wollen, sie sind ekklesial-institutionell nicht mehr einzuhegen, aber zuweilen sehr wohl für die Kraft des Geistes und des Evangeliums ansprechbar.

Das Zerbrechen einer gewachsenen Kirchengestalt ist mithin absehbar. Der sich hier abzeichnende Klimawandel ist aber eben nicht die apokalyptische Katastrophe der Kirche, sondern lediglich das Zuendegehen einer gewohnten Gestalt. Über die Chancen des Evangeliums und seiner daraus wachsenden ekklesialen Wirklichkeit ist weiter nachzudenken.

Konvertiten – charismatisch und konservativ

Doch Hervieu-Léger fand eine zweite Typologie gegenwärtigen Christseins. Sie beobachtet zu Recht eine zweite Gruppe, die sich in Frankreich herausbildete: Sehr persönlich und individuell wächst eine Gruppe von Menschen heran, die sie »Konvertiten« nennt. Es geht nicht um Konfessionswechsel, sondern um eine Art des Christseins, die auf einer persönlichen Umkehrerfahrung gründet – und nicht auf ererbter Christlichkeit. Genau an dieser Stelle wird der tiefe Transformationsprozess deutlich. Glaube wird neu durch eine intensive Erfahrung einer Umkehr, eine Erfahrung aus der sehr expliziten Berührung durch das Evangelium – und das hat natürlich Konsequenzen. Menschen, die aus dieser Grundwirklichkeit der »Umkehr« Christen oder Christinnen werden, haben ein anderes Profil. Sie leben Spiritualität expliziter, suchen intensive geistliche Gemeinschaft – und sind dabei allerdings anspruchsvoll und gänzlich anders »verortet«. Nicht die gegebene kirchliche Gemeinschaft oder Pfarrei, nicht einmal die Konfession ist entscheidend, sondern die Frage nach der inneren Qualität der Erfahrung und der Möglichkeit, die eigene Glaubenserfahrung zu vergegenwärtigen.

In diesem Zusammenhang ist an eine auch schon alte empirische Forschungsarbeit zu erinnern, die der amerikanische Religionssoziologe Philip Jenkins vorlegte. In seinen Überlegungen zur Zukunft des Christentums beobachtete er treffgenau. Christentum wächst dort, wo charismatische Gemeinden und ungebundene Kirchenkonstellation Menschen meist sehr lokal binden. Zugleich ist diesen Kirchengefügen eine eher konservative Grundkultur zu eigen.

Mich hat das damals sehr bewegt. Und es hat mir in dieser Zeit – um 2005 – sehr eingeleuchtet, entspricht es doch genau jenen Beobachtungen in Europa, die Hervieu-Léger ins Licht rückte. Um es zu verdeutlichen: Wachstumsprozesse des Christseins hängen fast ausschließlich mit gnadenhaften Erfahrungen des Glaubens zusammen – und eigentlich (!) ist dies das Grundmuster des Christentums. Denn in der Logik des Evangeliums ist der Weg zum Glauben eine persönliche Umkehrerfahrung.

Dadurch wird aber auch deutlich, dass mit dieser Neufokussierung der Glaubenswege die Transformation der Kirchengestalt ein selbstverständlicher Prozess ist. Menschen werden dort ihr Zuhause im Glauben finden, wo sie anderen Menschen begegnen, die aus demselben Geist leben. Diese charismatische Dimension bringt aber zugleich neue Fragen hervor: Die nach dem Ursprung und der Identität der Tradition spielen eine entscheidende Rolle. Nicht irgendetwas Schwammiges und Undefinierbares wird angenommen, sondern es wird eine neue Klarheit gesucht. Das ist dann »konservativ«. Es steht nicht mehr unbedingt im Kontrast zum Zeitgeist – es ist zeitgeistige Notwendigkeit.

Zwei kurze Einblicke

Die Erkenntnisse von Jenkins und Hervieu-Léger sind nicht neu. Und dennoch wirkt es überraschend, wenn sich diese Bewegungsrichtung auch im deutschsprachigen Raum zeigt. Während einerseits im deutschsprachigen Raum weithin die Frage nach dem Kirchenerhalt und der Bewahrung seiner Sozialform dazu führte, dass Identität aus dem Evangelium kaum eine Rolle spielte, sondern eher versucht wurde, möglichst viele Menschen neu und wieder mit allen Mitteln an die Kirche zu binden, zeigen Erfahrungen wie das Gebetshaus in Augsburg, die Nightfever-Bewegung oder auch die Lorettobewegung in Österreich, wie attraktiv ein charismatisch-identitätsstiftendes Programm für (junge) Menschen aller kirchlichen Traditionen ist.

Es reicht nicht, Lobpreismusik, eine explizite Gebetspraxis, spirituelle Hauskreise und die intensive Suche nach Glaubensidentität als konservativ und sektiererisch zu bezeichnen. Wir müssen lernen zu verstehen, wie Menschen heute den Glauben aus dem Evangelium neu finden und wachsen können und ihre Gaben und Charismen entdecken.

Eine weitere Beobachtung ist in diesem Kontext wichtig: In den vergangenen Jahren ist unsere Kirche immer bunter und vielfältiger geworden. Vor allem Christen anderer Nationen rücken genau jene charismatische und konservative Perspektive neu ins Licht. Die Christen anderer Muttersprache, die in großen Metropolen deutlich mehr als fünfundzwanzig Prozent darstellen, bringen sehr charismatische und traditionsbewusste Christentumskulturen mit, die sich durch große Emotionalität und Leidenschaft auszeichnen.

Es kann nicht verwundern, dass damit auch eine gewisse Inkompatibilität der kirchlichen Formen verknüpft ist, die echte Herausforderungen an die »katholische« und also umfassende und oft spannungsreiche Weite des Christseins in allen konfessionellen Traditionen mit sich bringen. Zu entdecken ist hier allerdings, dass Frömmigkeit und Spiritualität, Kirchlichkeit und Traditionsgebundenheit ganz anders erlebt, gefeiert und leidenschaftlich gelebt werden.

Denn umgekehrt gilt: Das Gefüge christlicher Gemeindewirklichkeit der vergangenen Jahrzehnte, aber auch die Entwicklung karitativer Einrichtungen und ihre Stärke gründet in Menschen, die sich mit großer Leidenschaft und einer Sehnsucht nach geiststarker kirchlicher Perspektive engagieren.

Und zweifellos liegt hier eine der großen Herausforderungen: Die Sehnsucht nach vertiefter Spiritualität wächst gerade auch in den klassischen Gemeindegefügen, sie wächst im Kontext der Liturgien sowie bei den Engagierten in Caritas und Schule – und bestätigt damit auch insgesamt die Tendenzen, die Soziologinnen und Soziologen wie Hervieu-Léger und Jenkins beschrieben haben.

Dadurch wird erkennbar, wo die Grenzen und Schwächen des bisherigen Gefüges liegen. Genau dieser persönliche Antrieb führt dazu, dass Menschen Orte verlassen, wo sie diese Intensität nicht erfahren, um nach anderen Erfahrungsräumen zu suchen.

Und wenn auf der anderen Seite das kirchliche Gefüge samt seinen Hauptberuflichen darauf reagiert, dann wird deutlich, dass bislang häufig nicht an konstitutive Entwicklungsprozesse gedacht wird. Natürlich gibt es Initiativen wie Exerzitien im Alltag und geistliche Treffen, aber sie werden als »Add-on« betrachtet. Häufig wird übersehen, dass die Gestalt der Gemeinschaft und die Feier der Liturgie nicht von selbst »geistvoll« sind. Auch damit lösen sich dann gewachsene Gestalten auf, weil die Christinnen und Christen, die sich engagieren, in der Selbstverständlichkeit des Gefüges und der Initiativen nicht stehen bleiben, sondern dorthin gehen, wo sie finden und genährt werden. Auch dies löst die gewachsenen Strukturen nach und nach auf – und macht deutlich, dass diese Gemeindeformationen nur dann eine Zukunft haben werden, wenn sie aus der Sicht der Suchenden eine Erfahrung von Fülle, Kraft und Geist ermöglichen.

In klassischer kirchlicher Sprache könnte man sagen: Das schon bestehende kirchliche Sozialgefüge wird dann eine Zukunft haben, wenn in ihm die sakramentale Dimension erlebbar und erfahrbar wird – wenn die Gegenwart des Herrn als Gnade und Evangelium erfahren wird und so Kirche von innen heraus neu gestaltet. Wo umgekehrt all dies nicht erfahrbar wird, wird sich keine Resonanz suchender Menschen einstellen, werden Gemeinden sich auflösen, spätestens dann, wenn die tragende Generation selbstverständlich Glaubender stirbt. Es wäre umgekehrt auch nicht richtig, diesen »zu geringe Spiritualität« vorzuwerfen. Dem ist nicht so – nur dass Spiritualität hier in Formen gegossen ist, die nur die überzeugen können, die sie von Kindheit an kennen und schätzen gelernt haben. Die *Form* ist die Spiritualität – zuweilen jenseits von innerer Erfahrung und Vollzug: »Es ist eben so!«

Diese Gruppe wird ständig kleiner, aber sie ist wirkmächtig. Hier wird dann deutlich, warum Christen, die ihre gewohnten Formen nicht vorfinden, andere Formen nicht für sich entdecken oder auch nicht bereit wären, an einen anderen Ort zu fahren. Ihr Zugang zu Spiritualität ist orts-, zeit- und formgebunden. Dies erklärt auch sehr gut, was es bedeutet, wenn Gottesdienstzeiten geändert werden oder statt einer Messe ein Wortgottesdienst angeboten wird. Hier reagieren auch solchermaßen geprägte Christen wie ihre jüngeren Zeitgenossen: Sie stimmen mit den Füßen ab.

Evangelium und Werdeprozesse des Glaubens

Seit mehr als zwanzig Jahren kann ich Menschen begleiten, die als Erwachsene den christlichen Glauben entdeckt haben. Die sogenannten Katechumenen bezeugen die Grundwirklichkeit, wie Glauben heute geht: Er wird – und bleibt dabei ein unverfügbares Geheimnis.

Denn Glauben ist ein gnadenhaftes Geschehen, das sich jeder systematischen Gefügigkeit entzieht. Warum ein Mensch seine Glaubenssehnsucht entdeckt, warum er sich auf den Weg macht, Christus kennenzulernen, und warum er dies in einer bestimmten Tradition und Konfession tut, das entzieht sich – zum Glück! – allen planbaren und machbaren Prozessen. Es gibt in diesem Kontext eine »gnadenhafte Ohnmacht«, die Rückseite der Tatsache, dass christlicher Glaube immer ein Geschenk ist.

Nun ist das eine ursprüngliche Frage, die eng mit dem Evangelium und seiner Verkündigungslogik zusammenhängt. Die Verkündigung des Evangeliums durch Jesus Christus, die Apostel, die Jüngerinnen und Jünger – sie bleibt immer gebunden an die Kraft des Geistes. Sie ist für Christus und alle, die ihm nachfolgen, eine Überraschung, ein Geschenk.

Dies gilt auch für den Weg des Wachstums im Glauben. Dem spürt der katechumenale Weg nach: Er ist eben nicht an einen bestimmten Zeitraum gebunden, sondern strikt biografisch. Und damit stellt sich die Frage, wie ein solcher katechumenaler Werdeweg gedacht ist.

Insgesamt widerspricht er grundsätzlich einer volkskirchlichen Logik. Hier ist das Christsein vorgegeben und ererbt, in seiner katholischen oder evangelischen Variante. Und es geht darum, dass Eltern und die ganze (geschlossene) Gemeinschaft die jüngeren und selbstverständlich Getauften – Kinder und Jugendliche – »erziehen« und ihnen so den Glauben weitergeben. In dieser Logik ist das alternativlos. In Zeiten geschlossener gesellschaftlicher Wirklichkeiten ging es damit nicht zuerst um ein persönliches Glaubenswachstum, sondern um eine Übernahme einer Glaubensform und -gestalt, die – so die implizite Annahme – auch den persönlichen Glauben stärkt.

Auf dem Hintergrund dieser Bilder verwundert es nicht, dass in den klassischen Strukturen und Sozialgestalten der Katechumenat kaum oder doch nur als Randphänomen Bedeutung bekam, frei nach dem Motto: »Kann man machen.«

Aber für eine Gegenwart und Zukunft des Evangeliums könnten hier Schlüssel liegen, die das Verstehen von Prozessen der Verkündigung jenseits der Grenzen bisheriger Systemgefüge denken lassen. Es ist wichtig, diese Schlüssel in den Blick zu nehmen, denn nur jenseits bestehender Logiken der Glaubensverkündigung und in der neuen Logik von Glaubenswachstumsprozessen wird die Freiheit des Evangeliums neu erfahrbar werden können. Diese Schlüssel sind nicht beliebig – sie können das Himmelreich erschließen. Sie ersetzen Schlüssel, die schon lange keine Pforten zu neuen Wegen öffnen, sondern eher verschließen. Über beides muss gesprochen werden.

Türenöffner des Evangeliums

Vorweg: Es braucht ein radikales Desinteresse am Erhalt des Gefüges kirchlichen Lebens, wenn wir ernsthaft mit dem glaubenswirkenden Evangelium umgehen wollen. Das ist die Grundvoraussetzung. Niemand hat das deutlicher und prägnanter durchdacht als der Dogmatiker Christoph Theobald. Der deutsche Jesuit, der wie kein anderer die französische und europäische Wirklichkeit der Kirche auf ihre Zukunftspotenziale abgehorcht hat, meldet diese Grundposition immer wieder an.

Und das ist sehr wichtig: Nahezu alle Klagen, Depressionen und apokalyptischen Szenarien einer Zukunft des Glaubens sind eben auch dadurch geprägt, dass sie letztlich immer noch am bestehenden Gefüge hängen und es theologisch, praktisch, modernisierend, liberalisierend oder organisationsentwicklerisch optimierend erhalten wollen. Aber das hat halt seine großen blinden Flecken – die Wirklichkeit und die Sehnsucht der Menschen.

Nichts stimmt mehr in diesem Gefüge kirchlicher Selbstverständlichkeit. Seit dem 19. Jahrhundert, so berichten die Apokalyptiker, verliert die »Kirche« (und gemeint ist ein bestimmtes für normativ erachtetes Gefüge) Schritt für Schritt alle Bevölkerungsgruppen: Arbeiterinnen und Arbeiter, Frauen, Männer, Eliten, Eltern und Singles, Kinder, Jugendliche und junge Erwachsene, Arme sowieso und Randgruppen, Homosexuelle, Heterosexuelle. Und alle anderen Gruppen, was sich statistisch nachweisen lässt. Nur ist hier der Denkansatz falsch. Es geht nicht darum, Menschen für die Kirche zu gewinnen – und man kann niemanden verlieren, den man nie gewinnen musste. Kirche ist auch nicht jene vorgeprägte Gemeindekultur mitsamt ihren Annexen in Caritas und Schule, Kloster und Akademie. Sie ist kein organisationales Gefüge einer Institution, das sich dann werbend und dienstleistend um Mitglieder bemüht.

Das ist der erste Schlüssel: Es geht nicht um die Kirche, sondern vor allem und lange und nur um das Evangelium und seine Wirksamkeit – und um Wege, wie das Evangelium wirksam Menschen verwandelt, prägt und reifen lässt.

Erfahrungsräume ermöglichen

Wo und wie das Evangelium Menschen anrührt, wo und wie Gott Menschen mit seinem Geist von innen her bewegt, das ist nicht machbar. Es geschieht Menschen immer auch als Überraschung. Und die Frage, die sich daraufhin stellt, ist die gleiche seit der Apostelgeschichte: Was soll ich tun?

Eine solche Frage zielt auf das Bedürfnis und die Notwendigkeit von Begegnung und Begleitung, auf Zeugnis und Mystagogie: Ja, es geht um ein bleibendes Geheimnis – das Geheimnis der Nähe Gottes, das ergriffen hat und in das eingeführt werden will. Von daher verwundert es nicht, dass in der Logik der Glaubenseinführung immer eine kirchliche Gemeinschaft mitgedacht ist, die den Raum einer vertiefenden Erfahrung ermöglicht. Dort, wo die Nähe des Auferstandenen lebendig erfahrbar ist, inmitten der Seinen, kann Glaube so bezeugt werden, dass man ihn erlernen kann.

Es verwundert daher nicht, dass sich solche Räume existenzieller Glaubenserfahrung in der Regel nicht in den anders angelegten Zusammenhängen kirchlicher Pfarrgemeinden finden. Auch andere kirchliche Orte sind nicht von selbst prädestiniert: Eine Schulklasse, ein Kindergarten, ein Altenheim könnten dann solche Orte werden, wenn die tragenden Teams dort die Perspektive des Glaubenszeugnisses programmatisch leben und damit rechnen und somit auch dafür sorgen, dass Weggemeinschaften des Glaubenswachstums entstehen. Sie sind es im Moment nicht, weil die Grundvision der Einrichtungen und Institutionen in ihrer Abkünftigkeit aus der volkskirchlichen Geprägtheit nicht auf Herzensbildung der Christinnen und Christen setzt, die mit diesen Einrichtungen als Verantwortliche und Teilhabende verknüpft sind.

Ganz anders stellt sich dies in Klöstern und geistlich geprägten Häusern dar, bei Bewegungen oder etwa in Taizé. Es scheint fast so, als seien diese Orte »wesentlich« solche gastfreundlichen Räume des Glaubens. Wer in Taizé mitlebt, wer bei einer Mariapoli der Fokolarbewegung oder bei einem Loretto-Event in Salzburg dabei ist, der kann durch das Mitleben eine Ahnung von der Logik des Evangeliums bekommen. Und das ist in den vielen Klöstern und geistlichen Häusern auch so: Mitleben mit einer Gemeinschaft von Ordenspersonen und das Erfahren einer absichtslosen Gastfreundschaft wird hochgeschätzt und ermöglicht angerührten Suchenden, ihre Nähe und ihren Abstand zum christlichen Glauben selbst zu kalibrieren und eventuelle weitere Wege zu bedenken.

Glauben mit-leben lernen

Der christliche Glauben braucht Weggemeinschaft: Zeugen und Begleiter, die mit den Suchenden unterwegs sind. Was in der Architektur des Katechumenats beschrieben ist, sagt viel darüber aus, wie hier die Grundlogik des Glaubenswachstums und der inneren Herzensbildung durch das Evangelium verstanden wird.

Zunächst lebt eine solche Erfahrung von einer Grundvoraussetzung, die mit einem Blick des Glaubens auf jeden Menschen schaut und würdigt, dass eine Grundform des Glaubens in ihm lebt und auch Gott in ihm wirkt. Das gilt für jeden Menschen – und deswegen gilt, dass es Gott und seine Liebe ist, die Menschen dahin bewegen, eine Antwort auf diese erfahrene Liebe zu finden.

Es geht also um einen mystagogischen Zugang und nicht um das Erlernen von Praktiken, Inhalten und Dogmen, die vorher völlig unbekannt waren. Nicht zuerst! Mystagogie ist eine Reise in das Herz des Glaubens, die Schritt für Schritt und biografisch den Rhythmus und die Sehnsucht derjenigen aufnimmt, die ihren Glauben zu vertiefen und zu verstehen suchen. Von daher legen sich Weggemeinschaften von Zeuginnen und Zeugen nahe, die einander den Glauben erschließen, leben und in Liturgien feiern, die für die »Glaubensschülerinnen« und »Glaubensschüler« zugänglich sind.

Die Erfahrungen solcher Weggemeinschaften sind häufig beschrieben worden ebenso wie die Liturgien. Solche Liturgien unterstreichen immer einzelne Vollzüge der reichen Tradition des Glaubens und sind Meilensteine auf dem Glaubensweg. Und immer geht es darum, im Glauben zu wachsen.

Die Berufung reifen lassen

Hier wird ein neues Paradigma des Glaubens deutlich, das sich grundsätzlich vom bisherigen Gefüge unterscheidet. Glaube ist nie fertig. Glaube kann nicht anders, als sich weiterzuentwickeln, auch wenn dies nicht planbar ist. Aber es gibt eine innere Dynamik des Glaubens, die – auch aufgrund der Lebensabschnitte der Menschen, der Brüche und Einschnitte, der Aufbrüche und Abbrüche – zur Vertiefung drängt.

In einer solchen Logik können Taufe, Firmung und Erstkommunion in den Denkkategorien klassischer Volkskirchlichkeit als Integrationsmomente in eine Gemeinschaft gelesen werden, ohne dass dies mit der Existenz der Kandidatinnen und Kandidaten zusammenhängen muss. Und umgekehrt liegt nahe, dass Taufe, Firmung und Erstkommunion sakramentale Besiegelung und Kraftmoment, wirkliche Höhe- und Quellpunkte des Glaubenslebens werden können – und genauso »tickt« die katechumenale Logik.

Aber während sich eine volkskirchliche Logik mit dem puren »das« des (festlichen und gut vorbereiteten) Vollzugs zufrieden geben wird (und zugleich bedauert, dass diese Vollzüge eben nicht mehr zu Integration in ein zerfallenes System beitragen können), sind in der katechumenalen Vollzugslogik hier Ausgangspunkte für einen weiteren Weg des Glaubens gesetzt.

Katechese wird dysfunktional – und sie ist es seit Jahrzehnten, wenn sie sich unabhängig von existenzieller Berührung und Einführung in die Glaubenspraxis vollzieht: Welche Inhalte des Glaubens, welche Einführung in Schrift und liturgische Tradition möglich werden, hängt an der Relevanz des Glaubens für die Menschen, mit denen man sich auf einen Glaubensweg macht.

Dort aber, wo Menschen auf ihrem Glaubensweg weiter wachsen wollen, tat sich bisher ein merkwürdiges Phänomen auf. Es wurde zur Privatsuche und Privatsache der Christinnen und Christen und wird bis heute merkwürdig konnotiert: zu fromm, zu exklusiv. Und außerdem verlassen Christen, die so etwas suchen, die Selbstverständlichkeit ihrer örtlichen Gemeinden.

Jüngerschaft im kirchlichen Gefüge verankern

Im Sommer 2020 war ich mit meiner Kollegin der Berufungspastoral auf einer kleinen Exposurereise. Ziel war es, Erfahrungen von Orientierungsjahren für junge Menschen zu sichten – Orte, wo junge Menschen für ein Jahr im gemeinsamen Leben ihren Glauben vertiefen, lernen und so auch ihren Charismen und dem Sinn (und der Berufung) ihres Lebens auf die Spur kommen.

Es war sehr beeindruckend, was wir in Salzburg, Altötting, im Bistum Augsburg und im Bistum Mainz erleben konnten. Und es gehört, so denken wir, zur Logik einer Kirche, die dem Evangelium und seiner dynamischen Wirkkraft Raum schenken will. Dabei ist es entscheidend, dass diese Prozesse in Gemeinschaft stattfinden und gut begleitet sind. Dies ermöglicht jungen Menschen, systematisch ihren Glauben zu vertiefen und »lernen« zu können, was es heißt, aus Schrift und Tradition der jeweiligen Kirche zu leben.

Nun sind es nicht nur junge Menschen, die ihren geistgeprägten Weg suchen und sich in ihrem Glauben weiterentwickeln wollen. Dafür braucht es neue »Orte«: Menschen, die sich gemeinsam auf ihren Weg des Glaubenswachstums machen, einander bestärken und sich so immer wieder für ihre gemeinsame Sendung entzünden.

Darum wird es in den kommenden Jahren darum gehen, diesseits und jenseits der anders geprägten pastoralen Strukturen und diesseits und jenseits von Berufsgruppen, Engagierten und Suchenden auch neue Räume zu schaffen, wo Menschen auf ihrem Glaubensweg gestärkt werden.

Erstverkündigung mit Konsequenz

Nach meinem Empfinden fehlt es in unserer Kirche nicht am anbietenden Zeugnis des Glaubens. Die derzeitigen Erfahrungen mit Erstkommunion und Firmung, Gottesdiensten zu Weihnachten, Segnungsgottesdiensten, karitativem Engagement, Initiativen mit Flüchtlingen, Benachteiligten und Menschen mit Beratungsbedarf, das Engagement in Schulen, Kindertagesstätten und Bildungseinrichtungen sprechen zuweilen eine laute Sprache des Zeugnisses – vor allem dann, wenn im Blick bleibt, wie wichtig die christliche Persönlichkeitsbildung der vielen Mitarbeitenden ist.

Aber dabei bleibt es dann. Und das gilt auch, wenn hin und wieder Exerzitien im Alltag oder Glaubenskurse angeboten und durchgeführt werden. Die Idee, dass es hier nicht nur um »Angebote«, sondern um Wege geht, ist noch sehr fremd. Das wird anders, wenn wir deutlicher in den Blick nehmen, dass es hier um eine Grunddynamik des Glaubens geht: Er will wachsen – und es braucht ein Bewusstsein für diese liquiden und nicht vorhersehbaren Entwicklungshorizonte, in denen die glaubenssuchende Person immer das Subjekt bleibt. Um diese neue Kultur des Glaubens geht es.

Verschlossene Türen

Also geht es nicht weiter wie bisher! Wir müssen uns aus den zu lange prägenden Verstehenshorizonten der Evangelisierung befreien.

Zu oft wird in konfessionellen Kontexten, aber eben auch – erstaunlich pfadabhängig an dieser Stelle – in freikirchlichen Zusammenhängen Evangelisierung mit Rekrutierung für die eigene kirchliche Gemeinschaft verknüpft. Es spricht eine deutliche Sprache, dass dies nicht gelingt, und es ist, wie wir gesehen haben, auch theologisch falsch.

Die Verkündigung des Evangeliums als Vollzug der Sendung geschieht immer absichtslos, weil sie die Absichten Gottes für die Menschen nicht einfach präjudizieren kann. In dieser Absichtslosigkeit steckt durchaus der Wunsch, dass Menschen an der großartigen Erfahrung der eigenen Gottesbegegnung teilhaben dürfen und können – aber immer im Bewusstsein der gnadenhaften Ohnmacht und der unbedingten Gastfreundschaft.

Zu oft werden Ziele und Leistungsansprüche zeitgeistig in dieses Zeugnis eingeflochten, und zu oft wird nicht bedacht, dass es nicht um die Kirche und ihren Bestand geht, sondern um die Wirkkraft des Evangeliums. Die Sorge um den Bestandserhalt, die Sorgen um die Unkontrollierbarkeit eines solchen Weges sprechen Bände. Warum darf das Evangelium nicht seine Früchte hervorbringen, wie es will, wenn wir die Bereitschaft zeigen, Räume für neue Wege und Sozialgestalten zu öffnen und sie zu begrüßen?

Gottesbilder und Glaubensverständnisse hinter uns lassen

Ich bin in Berlin zu einem ökumenischen Symposion eingeladen. Wir sprechen über Mission. Und es wird mir deutlich, dass das Gefüge missionarischen Denkens im Hintergrund Bilder riskiert, die meiner Grundüberzeugung und meinem Glauben nicht entsprechen, und doch sind sie gleichzeitig tief verankert.

Schwierig wird es immer dann, wenn es eine binäre und exklusive Logik gibt: Wer glaubt, wird gerettet – wer nicht, nicht. Zweifellos ist es so, dass dahinter ein Gottesverständnis steckt, das nicht mit einer unbegrenzten Liebe Gottes rechnet: eben jenes Gottes, der in Jesus Christus alle Entfernungen und alle Sünde in seiner Liebe überwunden und so uns hineingenommen – erlöst – hat in sein Leben. Dann gehen wir davon aus, dass Gottes Geist schon den Erdkreis erfüllt, schon das Herz jedes Menschen von innen erfüllt und die Sehnsucht nach mehr weckt.

Dann passt eine Missions- und Evangelisierungsideologie nicht mehr, die mit dem Verderben und dem Verlorensein des Menschen droht und daraus Energie für die Verkündigung des Evangeliums schöpft. Im Hintergrund stehen dann Bilder von Gott, die ihn als strengen Richter sehen und dabei aus den Augen verlieren, dass das Gericht darin besteht, sich der Liebe auszusetzen. So beschreibt es Jesus.

Aber darauf wächst eine Botschaft des Evangeliums, bei der man sich fragt, was an ihr froh ist. So sehr ich meine katholischen, evangelischen und freikirchlichen Geschwister persönlich schätze, die aus dieser Logik schöpfen, so sehr irritiert mich ein solcher Zugang. Und dies vor allem dann, wenn weiterhin im Hintergrund Bilder einer möglichst alle umfassenden Kirchenwirklichkeit stecken: Es geht darum, möglichst viele zu sein und die eigene Kirche zum privilegierten Ort des richtigen Glaubens zu machen – und andere Glaubenserfahrungen abzuwerten.

Das ist überraschend. Denn es greift Muster einer in ihren Bildern noch nicht vergangenen Theo-Logik auf, die immer einer hierarchisch-herrschaftlichen und klerikalen katholischen Kirche zugeschrieben werden. Beeindruckend, wie streng, moralisch, machtbewusst und heilsexklusivistisch solche Perspektiven sind und wie sehr sie die Welt in einerseits gut und andererseits gottverlassen und verloren aufteilen.

Dabei fällt auf, dass hier – parallel zu diesen Verwischungen im Gottesbild – auch die Frage nach Glaubensverkündigung oft merkwürdig formelhaft und instruktionsorientiert wirkt. Genau auf diesem Hintergrund – und mit dem Hinweis, dass Erfahrung für den Glauben nicht ausreicht (was auch niemand bestritten hat) – werden neue Katechismen und ähnliche Glaubensbücher zur Grundlage des Unterrichts im Glauben. Woher kommt dieses instruktionistische Bild der Glaubensvermittlung? Möglicherweise bildet sich hier ein Systemgefüge ab, das wir aus der Zeit der klassischen Kirchenselbstverständlichkeit kannten.

Damit Glaube wachsen kann, gilt es, Freiheit zu riskieren. Es gilt, aus diesen Systemgefügen auszusteigen. Das hat Konsequenzen. So wie Glaubenswachstum nicht machbar ist, aber dennoch Räume und Gelegenheiten eröffnet werden wollen, damit Menschen wachsen und sich entfalten können, so hat dies auch Folgen für die Kirche.

Es ist klar, dass sich dann auch die Gestalt der Kirche wandelt. Der Abschied festgefügter Bilder fällt schwer, aber wir werden ja nichts erhalten müssen. Und auch, wenn Kirche flüssiger wird, wird sie vielleicht gerade dadurch ihre unabschließbare Weite gewinnen.

Kirche im flüssigen Werden – zur subversiven Freiheitspointe kirchlicher Waldspaziergänge

Unsere Diskussionen um die Kirche empfinde ich mittlerweile als geisttötend, und ich mag sie kaum noch hören. Das hat zweifellos mit der merkwürdigen Gebundenheit zu tun, von der wir schon sprachen. Wir verwenden Begriffe, die ihrerseits nur scheinbar klar sind, und der gemeinsame Hintergrund der Bilder ist fragwürdig. Und wer diesen geprägten Hintergrund nicht teilt, ist sowieso draußen und versteht eigentlich gar nicht, worum es geht.

Wenn man allerdings irgendeine Fernsehserie sieht, die im Kirchenmilieu spielt, oder Reportagen über die Kirche anschaut, selbst wenn sie aus der Feder von journalistischen Fachleuten stammen: Kirche ähnelt stets einem überinstitutionalisierten Verein. Dieses Bild steckt voller Klischees: die merkwürdig gekleideten Priester, die aus der Zeit gefallenen Bischöfe und Nonnen – so stellt man es sich vor. Und leider ist es zuweilen auch so. Manche sind sympathisch und frech, die meisten aber verhalten sich konventionell-konservativ. Wie schrecklich, dass sich dieses Bildmuster fortschreibt, ungestört, ungebrochen.

Und natürlich nicht zu vergessen: die Gemeinde. Alle Daten und Fakten, die über den Untergang der Kirche veröffentlicht werden, haben auch mit dieser Gestalt der Kirche zu tun. Auch wenn doch das eigentlich Überzeugende der Kirche die Ortsgemeinde ist – die herkömmlichen Kriterien führen zum Untergang einer Kirchengestalt, die doch scheinbar die Basisgestalt des Kircheseins ist.

Nun kann der Untergang dieser Kirchengestalt gut dazu dienen, die eigenen Ideologien und Schuldzuweisungen zuzuspitzen. Es ist ja kein Wunder, dass »die Kirche« alle Gruppen der Gesellschaft verliert: erst die Arbeiter, dann die Männer, danach die Alten, die Jungen und zuletzt die Frauen. Gründe dafür gibt es viele: die konservative Kirche, die progressive-liberale Variante, die Moral, die schlechten Bischöfe und Päpste, die strengen Regeln und die vielen Skandale – all das führt zu einer Auflösung der Mitgliederbindung. Man muss eigentlich erstaunt sein, wenn überhaupt noch jemand dabei bleibt, und sich über seine Gründe wundern.

Die Zahlen sprechen eine deutliche Sprache: Die Anzahl der Gottesdienstbesucher geht unaufhaltsam zurück, die Gruppe der Engagierten wird kleiner, und ihr Durchschnittsalter steigt. Daran wird Kirche gemessen. Fälschlicherweise.

Denn die Anmutung einer flächendeckenden Durchdringung des Christentums in Deutschland wirkt ebenso anachronistisch wie jemand, der sich auf ein bis zwei öffentliche Fernsehsender beschränkt – in einer Zeit von Netflix und Sky. Genau hier liegt das Drama der apokalyptischen Perspektivierung der Kirchenentwicklung. Sie macht blind.

Abschied nehmen

Es fällt schwer, Abschied zu nehmen. Und das ist erstaunlich. Genau jene, die selbst schon lange keinen Zugang zum Gefüge kirchlichen Lebens haben, stimmen in die Untergangslieder ein und wünschen sich eine Wiederbelebung und einen Erhalt bekannter Formen – natürlich moderner, zeitgemäßer und für alle akzeptabel.

Aber wahr ist: Es fehlen sämtliche Voraussetzungen, dass heute noch eine Gemeindegestalt der Vergangenheit erhalten werden kann. Sie würde voraussetzen, dass wir in kontrollierbaren konfessionellen Milieus leben und christlicher Glauben eine Zustandsbeschreibung wäre.

Das alles ist nicht der Fall. Zum Glück. Die Standards der freien Wahl, die Möglichkeiten des Engagements, die nicht notwendige Zugehörigkeit zu einer Glaubensgemeinschaft verändern die Konfiguration aus sich selbst und machen kirchliches Leben mit herkömmlichen Maßstäben nicht mehr messbar. Wen interessiert denn noch die Zahl der Gottesdienstbesucher? Warum sollten alte Menschen sich wöchentlich zu einer Kaffeestunde treffen? Und warum braucht es Jugendgruppen?

Damit stellen sich viele neue Fragen: Wozu braucht es Gemeindehäuser und, ja!, »Jugendheime«? Warum sollte man für einen Pfarrgemeinderat kandidieren, der nur von vier Prozent der Katholiken gewählt wird – immerhin der Hälfte derer, die zum Gottesdienst gehen, die ihrerseits nur neun Prozent der Katholiken ausmachen. Man merkt, wie absurd diese Betrachtung ist. Lassen wir es! Nehmen wir Abschied und lernen wir sehen!

Wir würden noch ein Jahrzehnt über die Gründe debattieren, die doch eigentlich klar sind – da macht uns Corona plötzlich klarsichtiger. Auf einmal wird deutlich, dass sich schon lange alles verändert hat. Christinnen und Christen finden eigene Wege, ihren Glauben zu leben. Für viele wird der Gottesdienst in der Kirche nicht mehr so wichtig – es gibt eine erstaunliche Fantasie, den Glauben zu Hause zu leben.

Ich erinnere mich an die Zeit im Frühjahr 2020. Für mich war der allabendliche Ort meines Glaubens das Abendgebet von Taizé. Mit oft zweitausend Mitbetern aus der ganzen Welt konnte ich wirklich in die Tiefe meines Glaubens eintauchen. Zugleich erlebte ich eine Fülle von spannenden Gottesdiensten im Netz, aber auch eine hohe Eigenständigkeit vieler Christinnen und Christen, die schon längst überkonfessionell unterwegs sind. Das Engagement in der Nachbarschaft, die Suche nach neuen spirituellen Formen – all das spricht nicht für eine Beliebigkeit, sondern ist Ausdruck einer eingeübten Selbstständigkeit: Wir Christinnen und Christen des 21. Jahrhunderts haben uns längst über die Grenzen gewachsener Gemeindefelder hinausentwickelt.

Hier hat sich eine völlige Umkehrung ergeben. Nur noch scheinbar lässt sich Kirche als Gemeindeort, als Anbieter für Klienten und Kunden, als Institution religiöser Versorgung verstehen. In Wirklichkeit ist es anders, selbst dann, wenn unter den Bildern der Vergangenheit neue Aufbrüche umgedeutet werden.

Die charismatische Wirkkraft des Evangeliums

Es gibt einige Beispiele, die das verdeutlichen. Ich darf seit einigen Jahren aus der Ferne die Entwicklung der »Zeitfenster-Gemeinde« begleiten. Entstanden ist diese Initiative aus Impulsen eines Familienkreises, der sich schon aus klassischen Gemeindegefügen herausbildete: für emanzipierte Familien, die einen geistvollen Ort suchten. Das war nicht die klassische Gemeinde.

Wenn nun eigenständig Erwachsene mit all ihren Gaben eine neue Gottesdienstform entwickeln, dann ist ihre Zielgruppe eben jene, die schon lange nach einer nährenden Form des Feierns suchen.

Was ist daran bemerkenswert? Eigentlich ist es mehr als normal, dass sich in einer anderen Gesellschaftskonstellation auch andere Formen und Gestalten des christlichen Glaubens entwickeln. Das geschieht dann, wenn sich eine gemeinsame Grunderfahrung und eine Leidenschaft für Menschen auswirken. Dazu braucht es Menschen, die von einer Kraft ergriffen sind und sich engagieren; neue Formen des Betens, partizipative Formen der Fürbitte, ansprechende Predigten, tolle Musik zum Singen und Hören – und vor allem eine Atmosphäre, die erfüllt. All das geschieht hier einmal im Monat und zieht Menschen an, die in unseren Zeiten ihren Glauben genährt wissen wollen. Menschen inzwischen aller Generationen, die sich selbst orientieren und ihren Glaubensweg selbst gestalten.

Es wurde sehr intensiv darüber nachgedacht, welche Personen hier angesprochen werden sollten. Und mit hoher Professionalität wurden diese Personengruppen auch adressiert. Und gleichzeitig geschah es im Laufe der Zeit, dass diese Gruppe sich weitete. Es zeigt sich eben, dass alle Christinnen und Christen, Suchende und spirituell Sensible sich orientieren und den Weg wählen, der für sie richtig ist.

Angesichts der Vielfalt der Wege, die dies nehmen kann, werden viele Menschen durch sehr unterschiedliche Perspektiven angesprochen. Frömmigkeitsstile unterschiedlichster Art treffen sich bei Willow-Kongressen, im Gebetshaus in Augsburg und seinen Mehr-Konferenzen oder bei der Lorettobewegung, die sich pfingstlich in Salzburg trifft. All dies ist nicht mehr »zu ordnen«.

Eigentlich ist das nicht neu. Auch im 20. Jahrhundert wie in den Jahrhunderten zuvor gab es eine bunte und unübersichtliche Vielfalt von charismatischen Aufbrüchen. Und schon »damals« zeigte sich, dass die Ordnungsversuche auf dem Hintergrund gewachsener Bilder nicht funktionierten.

Es ging nur mit Problemanzeigen: Solange man nämlich die örtliche Gemeindeform und ihren Sonntagsgottesdienst als Quelle und Höhepunkt des christlichen Lebens dogmatisiert, dürfen Menschen sich nicht »außerhalb« bewegen. Wer sich in spirituellen Bewegungen beheimatet, trägt nichts zur Ortsgemeinde bei, wer immer wieder in ein Kloster geht, entzieht sich der Alltäglichkeit der Gemeinde. Und schon gar nicht darf man in Nachbargemeinden entfliehen.

In den vergangenen Monaten während des Lockdowns wurde noch einmal deutlicher, dass diese begrenzenden Horizonte schon lange dysfunktional sind. Mit anderen Augen kann man viel unbefangener auf die charismatische Kraft des Evangeliums schauen, die sich auch in unserer Zeit zeigt.

So entdecke ich Menschen, die sich mit hoher Leidenschaft für Krippenspiele und Sternsingen einsetzen und dafür ganz selbstverständlich Strukturen der Institution nützen. Menschen engagieren sich für die Gestaltung von Gottesdiensten und suchen Möglichkeiten, wie sie aus der Kraft des Evangeliums schöpfen können. Es entstehen Initiativen und Chöre, karitatives Engagement und Hauskreise. Und natürlich gibt es postkonfessionelle Suchbewegungen, die sich eher in »Szenen« abbilden.

Ich erinnere mich an meine Besuche in den 119 Pfarreien unseres Bistums. Sie spiegelten neben den apokalyptischen Untergangsängsten auch eine erstaunliche Lebendigkeit vieler Initiativen wieder. Zugleich wurde dabei deutlich, dass die klassischen Gemeindekonstellationen schon lange nur noch einen Teil dieser Wirkkraft des Evangeliums abbilden – der Rest bleibt unsichtbar.

Aber man könnte ihn sichtbar machen! Wenn man sich einfach einmal fragt, wo und wie überall das Evangelium sich entfaltet: in den Kindertagesstätten, Schulen und verschiedenen Einrichtungen, während des Wochenendes von Familien, die miteinander einmal im Jahr zu Ostern oder Weihnachten unterwegs sind. Auf all den vielen Wallfahrtswegen, bei den vielen Klöstern und ihren weiten spirituellen Familien.

Die Herausforderung besteht nun vor allem darin, die schwer organisierbare Selbstständigkeit in den Blick zu nehmen und zu begleiten. Vorbei sind die Zeiten, in denen sich Kirche exklusiv vereinsartig organisiert. Das ist schon jetzt so. Seit Jahren.

Werden aus dem Ursprung

Wenn es nicht um den Erhalt einer bestimmten Kirchenkonstellation geht oder um geniale Pastoralpläne der Weiterentwicklung geht, wenn es auch nicht darum geht, die Kirche fit zu reformieren, denn das wäre letztlich Systemerhalt, dann geht es um eine Zielvision – und dann spreche ich von Ekklesiogenesis und nicht zuerst von Kirchenreform.

Deswegen spreche ich von neuen Ursprungsmomenten und nicht vom Weiterwursteln. Ans Ende eines Gefüges angekommen, wollen wir nicht einfach weiter. Uns nützen keine neuen Postkutschen oder Brieftauben, wenn wir doch über E-Mails und Zoom miteinander kommunizieren. Wir sind nicht bei einem Update, auch nicht bei einem Upgrade, sondern einem Wechsel des Betriebssystems. Die Abstürze und Abgründe des bisherigen machen deutlich, dass es so nicht weitergeht. Das bringt Probleme – doch dazu später.

Und deswegen möchte ich gerne in den Wald, in den Kirchenwald. Vielleicht ist mir das Bild zum ersten Mal mit den Kolleginnen und Kollegen auf einer Exposure in England gekommen, als wir in der anglikanischen Kirche unterwegs waren, um die »fresh expressions of church« zu erleben – inmitten einer Kirchenlandschaft, die ja gerade auch in England sehr traditionskräftig geprägt ist. Die anglikanischen Geschwister sprachen eben nicht nur von »fresh expressions« – von ungewöhnlichen Kirchengründungen und -entwicklungen, die sich durch leidenschaftliche Christinnen und Christen in allen Teilen und an vielen unterschiedlichen Orten gebildet haben.

Die anglikanischen Bischöfe sprachen auch von einer »mixed economy of church«. Sie meinen damit einen dynamischen Werde- und Vergehensprozess ohne jede Bewertung, der jedoch den Blick losreißt von einer Vergangenheitsfixierung hin zur Gegenwart und den Mut hat, Kirche vom Ursprung neu und vielfältig zu denken. Das war nicht immer so. Auch dazu gleich mehr.

Mixed economy – »Mischwirtschaft« – mag für viele von uns sehr wirtschaftswissenschaftlich klingen. Deshalb soll in diesem Zusammenhang ein anderes Bild verwendet werden, das genau jene Dynamik in den Blick rückt, die ich hier unterstreichen möchte und die ich auch theologisch eingründen möchte. Das Bild vom Wald ist auch nur ein Bild, aber es macht deutlich, dass es hier um ein dynamisches Geschehen geht, um Sterben und Leben, um ein lebendiges und dynamisches Ökosystem, um Klimawandel und um Evolution, um Ursprünge und Absterben – und darum, dass die Zeit der Monokulturen und forstwirtschaftlichen Pastoralmacht zu Ende ist.

So ist vielleicht »kirchlicher Mischwald« auch noch zu zahm. Es geht vielmehr um einen gewollten und programmatischen Verzicht auf Kontrolle, der allerdings nicht mit einem Laissez-faire gleichzusetzen ist, sondern eine klare theologische Option für das Evangelium darstellt: Es könnte sein, dass ein kleiner Urwald entsteht, der aber sehr wohl beförstert und geleitet wird, denn es geht doch immer darum, dem Evangelium Wirksamkeit zu ermöglichen – jenseits der Bilder, die wir haben, und diesseits der Fantasie des Reiches Gottes.

Das Ende des Harzes

In diesen Corona-Monaten sind wir ein paarmal in den Harz gefahren, jenes hübsche kleine Mittelgebirge mit viel Wald. Mit viel Wald? Wer über Torfhaus den Harz-Highway der Biker befährt, sieht Erschreckendes. Riesenflächen an gelb-grauen kahlen Fichten oder Tannen zwischen kleinen Flecken von hoffentlich noch gesunden Bäumen. Es wirkt wie eine Wüste. Die Ursachen liegen auf der Hand. Nach dem Ende des Zweiten Weltkriegs setzte man auf eine Monokultur, und dann kam der Klimawandel mitsamt dem Borkenkäfer.

Ich wandere durch die gestalteten Wege, und oft wird es eine abenteuerliche Kletterei über gefallene Bäume, gesägte oder umgestürzte. Es ist ein deutliches Bild. Hier ist eine Transformation im Gang. Es ist jedoch keineswegs alles tot, im Gegenteil. Es wächst Neues heran, aber sehr anders.

Spannend ist die Reaktion der Harzförsterinnen und -förster: Nein, es würde nicht dasselbe wieder gepflanzt. Gespannt achten sie darauf, was neu wächst, und behutsam werden neue Baumsorten mitgepflanzt, ohne eine Garantie dafür zu haben, dass sich diese durchsetzen. Und klar ist auch: Es wird situativer, unvorhersehbarer und vielleicht nicht mehr im selben Maße wirtschaftlich nutzbar wie zuvor. Vielleicht aber doch – wer weiß schon, was nachhaltiger Urwald bewirken möchte, gerade auch in Zeiten des Klimawandels. Offen für diese Zukunft, nicht planlos, aber doch Raum gebend – ein spannender Weg, heute einen Wald wachsen zu lassen …

Hinzu kommt eine andere Idee: Was zu Ende geht und zusammenbricht, ist nicht nutzlos. Man kann es weiterverwenden. Mindestens zum Teil dient es als Bauholz, und der Rest wird Humus: Nährboden für neues Leben.

Das Bild spricht sofort, wenn wir es auf die Kirche in ihrer derzeitig endzeitlichen Verfasstheit volkskirchlicher Gefüge projizieren. Es ist natürlich mit Deutungen verbunden und setzt ein bestimmtes theologisches Grundverständnis voraus, das nicht allen zugänglich ist und sein muss.

Es kommt nämlich ganz drauf an. Die derzeitige populistische und apokalyptische Grundstimmung hat einen anderen Fokus: Mit Recht wird der Niedergang der volkskirchlichen und klerikal überformten Kirchengestalt an ihren ungeheuerlichen Missbrauchserfahrungen und den damit freigelegten und sogar zuweilen theologisch legitimierten Systemfehlern – der verfälschten und kompromittierten DNA der Kirchengestalt – sichtbar. Und darüber gilt es zu streiten. Und hier gibt es auch kein Weiter-so.

Aber dieses Weiter-so gibt es ohnehin nicht, denn dieser Streit darf nicht übersehen, dass die Streitenden in der Gefahr sind, weiterhin selbst in ein bestimmtes Bild und Gefüge eingebunden zu sein und sein zu wollen. Es wäre nicht das erste Mal, dass hier ein so dichtes Netz von Gegenabhängigkeiten zu Diskussionen führt, die nicht über das hinausgehen, was wir schon vor fünfzig Jahren diskutiert haben. Die Selbstverständlichkeit des Glaubens war schon damals kontrafaktisch, die Milieuprägung und ihre Übertragung paralleler Gemeindewelten waren schon damals nicht mehr als ein netter Versuch, ihr hoher und immer wachsender Organisationsgrad der Versuch einer Lösung erster Ordnung. Es gab schon damals eine Ahnung und das geheime Wissen, dass eine Epoche zu Ende geht – das alles ist weder etwas Neues, noch weist es in die Zukunft.

Denn dummerweise machen Katholiken und Protestanten seit Jahrzehnten sowieso, was sie wollen, und reagieren nicht mehr auf Angebote, die sie annehmen sollten. Glauben wird seit Jahrzehnten persönliche Weggeschichte, die sich nicht mehr institutionell kontrollieren lässt, und dennoch funktionieren die Reflexe einer Oben-Unten-Dialektik immer noch. Und die Fragen an diese Kirchengestalt sind seit der Würzburger Synode keine anderen. Freiheit sieht anders aus.

Aber bedeutet das auch das Ende der Kirche? Selbst wenn alle dringenden Systemhausaufgaben gemacht wären – das System bleibt dysfunktional in einer Welt, die sich komplett verändert hat. Der gesellschaftliche Klimawandel hat Folgen, die deutlich sichtbar werden. Wer würde im Ernst daran glauben, dass bessere Predigten, Frauen als Priesterinnen (ich habe kein Problem damit), partizipativere Rätestrukturen (die aus der Zeit der katholischen Aktion stammen) wirklich verändernd wirken würden? Denn wir sind längst woanders.

Im postmodernen Mischwald der Kirche

Wir befinden uns wieder auf einer Wanderung. Diesmal in Wülfinghausen bei Hildesheim. Ein anderer Wald. Ein Mischwald. Ein wunderbarer Wald – aber obwohl deutlich zu hören ist, wie gesägt und beforstet wird, wirkt der Wald etwas wild. Er ähnelt einem kleinen Urwald. Ich merke es, als ich mit einer Freundin und ihrem Hund auf den Wegen gehe. Denn auf einmal endet der Weg, der doch eben noch bei Googlemaps so exakt beschrieben war. Dann ist noch ein anderer Weg in der Nähe, der leider kaum zu erkennen ist. Überall Dornen (ich trage den Hund), und dann schlagen wir uns durch, bis es dann tatsächlich wieder Wege zu erkennen gibt. Ein verwunschener Wald, wunderbar … und die Wege bilden sich dort zuweilen erst beim Gehen.

»Mixed economy«, das ist ein echter urwaldartiger Mischwald. Und hier wird deutlich, dass das gar nicht so fern ist von unserer

Kirchenerfahrung. Zugleich wird auch deutlich, dass diese Wirklichkeit keinesfalls eine harmonisierende Verklärung und optimistische Projektion eigener Kirchenwünsche ist.

Denn zunächst geht es auch ums Sterben. Alles, was lebt, muss und darf sterben. Das gilt auch für die Kirche. Natürlich ist Sterben nicht schön, natürlich löst es Widerstand, Trauer und Wut aus, Verweigerung und Resignation. Wir kennen diese Gefühle und Verhaltensweisen aus den Trauerphasen. Und wir wissen auch aus diesen Erfahrungen, dass erst nach dem Einstimmen in das Sterben Neues wachsen kann.

Was tiefenpsychologisch erforscht ist, liegt eigentlich in der DNA des christlichen Lebens: Die österliche Dimension des Geheimnisses von Tod und Auferstehung durchprägt christliches Leben und damit auch die Kirche in ihrer organisationellen, institutionellen und sozialen Gestalt und Form. Das sollte nicht verwundern. Theologisch gesprochen trägt die Kirche diese Dynamik in sich, wie die ganze Schöpfung: »Wenn das Weizenkorn nicht in die Erde fällt und stirbt, dann bleibt es allein (...)« (Joh 12).

Dieser dramatische Wachstumsprozess gehört zum Leben der Kirche und zu ihrem Werden.

Aber umgekehrt: So wie im Harz, aber auch im kleinen Urwald wächst ständig Neues, Unerwartetes. Was im anglikanischen Kontext »fresh expressions« heißt und sehr diverse und vielfältige Formen kirchlichen Lebens meint, das braucht – aus der ekklesialen Försterperspektive – einen neuen Blick. Wir wollen nicht nur die wohlvertrauten Eichen und Fichten alleine sehen, sondern auch die Achtsamkeit erlernen, die kleinen und neuen Pflänzchen zu betrachten, die in ihnen gewachsene Frucht des Evangeliums wahrzunehmen und wie Urwaldbotaniker oder Harzbesucher uns über unbekannte neue Formen, Blüten und ekklesiale Obstwiesen zu freuen.

Es ist ja spannend, genau hier eben nicht neue Baumschulen mit alten Sorten aufzustellen, sondern entstehen zu lassen, was das Evangelium in unserer Zeit bewirkt. »Fresh expressions« heißen diese Formen in England deswegen, weil sie mit der ursprünglichen Sendung des Evangeliums verknüpft sind. Das muss ja, so sagt es die Ordinationsformel in anglikanischen Ordinationsliturgien in jeder Zeit und in jeder Gesellschaft, »afresh« verkündet werden.

Mit anderen Worten: Dort, wo Menschen vom Evangelium ergriffen mit ihren Gaben und Charismen das Evangelium mit den Menschen ihrer Zeit teilen, wächst auf natürliche Weise Neues, treibt es neue Blüten, bilden sich neue Formen der Gemeinschaft – und auch neue Strukturen und sogar Paradigmen, die angemessen sind. Erinnert sei hier daran, dass diese adaptive Verkündigung der Stil Jesu, die Herausforderung des Zweiten Vatikanischen Konzils (GS 44) und die Tiefe des Aggiornamentos – der »Verheutigung« – sind, von dem wir sprechen.

Wer solche Wege im Wald sucht und geht, der ist nicht vorher mit der Planierraupe durch die Natur gefahren, um die alte Fläche niederzuwalzen, damit Platz für Neues geschaffen wird. Er hat vielmehr entdeckt, dass eine gute Mischung an Diversem, Altem und Neuem erst zusammen jenen kirchlichen Mischwald hervorbringt, der die Fülle des Evangeliums für *alle* Menschen bezeugen kann.

Aber auch das ist nicht wirklich neu, es geschieht jedoch jeweils neu.

Ekklesiogenesis

Wenn man von Ekklesiogenesis, vom Werden der Kirche, spricht, muss man dabei eines wissen: Es geht zuerst überhaupt nicht um die Kirche, sondern um die Welt und das Evangelium in der

Welt. Und es geht nicht um einen pastoral geplanten Vorgang, sondern um einen ursprünglichen Prozess. Überall dort, wo das Evangelium heute und hier – und in anderen Zeiten und Kulturräumen – bezeugt, gelebt und verkündet wird, wird diese Mischwald-Urwald-Kirche ans Licht kommen, als Verdichtung dieses Evangeliums – mal mehr nachhaltig prägend, mal fluide und vorübergehend.

Ich habe diese Rede vom Werden der Kirche in den vergangenen Jahren verknüpfen dürfen mit den Ansätzen einer »pastoral d'engendrement«, wie sie im französischen Sprachraum diskutiert werden. Eine »zeugende Pastoral«, eine Pastoral des »Anfangen-Dürfens« (Hadwig Müllers Übersetzungsversuch), reflektiert zum einen die neue Situation des Christentums in Europa. Christoph Theobald beschreibt in seinem Buch *Christentum als Stil* die Nähe unserer Zeit zu den ursprünglichen Aufbrüchen der Apostelgeschichte. Mit der Leidenschaft des Evangeliums, die um Gastfreundschaft in einer multireligiösen und konstitutiv pluralistischen Weltgesellschaft wirbt, können zarte neue Formen und Spiritualitäten neben den alten durchbeteten Kathedralen wachsen, kann von innen und aus der Kraft der Schrift, die wir miteinander teilen, Weggemeinschaft und Glaubensgemeinschaft werden. *Kann*, muss aber nicht, denn es bleibt im Raum der Freiheit und Gnade letztlich immer ein Geschenk, ein sakramentales Ereignis, wenn Kirche wird.

Aber eine doppelte Frage stellt sich hier. Zum einen wäre es interessant, uns selbst zu fragen, ob wir auch heute an die überraschende Fruchtbarkeit des Evangeliums glauben, an seine kirchenbildende Kraft, die das Ziel des Reiches Gottes in je provisorischen Gestalten verdichtet. Und zum anderen wäre zu fragen, ob wir einen »liebend-neugierigen Blick« in uns tragen, der es uns ermöglicht, neues Leben zu entdecken, für eine wachsende Kirche Räume zu schaffen und sie zu schützen.

Beides sind Glaubensfragen. Die erste Frage verlangt uns ab, unsere eigenen Bilder – gelungene oder misslungene oder schreckliche Erfahrungen der persönlichen oder kollektiv unbewussten kirchlichen Vergangenheit – nicht normativ für die Zukunft gelten zu lassen, sondern mit der Kategorie des demütigen Staunens Kirche als Überraschung in ihrem Sterben und ihrem Neuwerden wahrzunehmen. Das bedeutet, doppelten Mut aufzubringen. Auf der einen Seite gilt es, die wertvollen Traditionen neu zu lesen auf dem Hintergrund der neuen Erfahrungen, die wir reichlich machen können: Was bedeutet eigentlich die postkonfessionelle Prägung unserer Traditionen? Wie wird heute Sakramentalität und Segen zu verstehen sein? Welche Formen nimmt Ordination und Struktur an? Was bedeutet es, wenn Charismen und Gaben im Zentrum fluider Kirchlichkeit stehen? Und: Sind wir bereit, die klassischen Parameter nicht gegen die neuen Parameter, die sich hoffentlich im Nachdenken der Erfahrungen zeigen werden, auszuspielen? Darf es eine nicht-polarisierende Denkform geben? Glauben wir also, summa summarum, dass Gottes Evangelium auch heute wirkt, sich ein Volk sammelt – aber eben staunenswert anders und vielleicht erschreckend unbekannt?

Auch die andere Frage hat es in sich: Sehen wir, was dieses Evangelium heute anrichtet? Sehen wir, was sich schon zeigt? »Schaut nicht auf das, was früher war. Auf das, was gewesen ist, sollt ihr nicht mehr achten. Seht, ich schaffe Neues – schon sprießt es, merkt ihr es nicht?« (Jes 43,18f).

Mir fällt häufig eine enorme Blindheit auf, die weder mit dem Sterben noch mit dem Werden zurechtkommt. Zum einen gibt es keine Einlinigkeit mehr: Es ist nicht so, dass die Vergangenheit flächendeckend stirbt. Es ist auch nicht so, dass es ein homogenes Zukunftsszenario gibt. Ganz im Gegenteil. Wer durch die kirchlichen Mischwälder geht, tut gut daran, seinen Blick für Großes und Kleines, Schräges und Gewohntes zu schärfen. Er tut gut daran, jenseits der klassischen Fragen von Zugehörigkeit, Taufquote und Kirchgänger, von hohem oder niedrigem Engagement, wahrzunehmen, mit wie viel Leidenschaft Menschen heute das Evangelium aufnehmen und aus ihm Zukunft gestalten.

Darf man den Papst zitieren?

»Wir müssen die Stadt von einer kontemplativen Sicht her, das heißt mit einem Blick des Glaubens erkennen, der jenen Gott entdeckt, der in ihren Häusern, auf ihren Straßen und auf ihren Plätzen wohnt. Die Gegenwart Gottes begleitet die aufrichtige Suche, die Einzelne und Gruppen vollziehen, um Halt und Sinn für ihr Leben zu finden. Er lebt unter den Bürgern und fördert die Solidarität, die Brüderlichkeit und das Verlangen nach dem Guten, nach Wahrheit und Gerechtigkeit. Diese Gegenwart muss nicht hergestellt, sondern entdeckt, enthüllt werden. Gott verbirgt sich nicht vor denen, die ihn mit ehrlichem Herzen suchen, auch wenn sie das tastend, auf unsichere und weitschweifige Weise, tun« (Evangelii Gaudium 71).

Und: »Es entstehen fortwährend neue Kulturen in diesen riesigen menschlichen Geografien, wo der Christ gewöhnlich nicht mehr derjenige ist, der Sinn fördert oder stiftet, sondern derjenige, der von diesen Kulturen andere Sprachgebräuche, Symbole, Botschaften und Paradigmen empfängt, die neue Lebensorientierungen bieten, welche häufig im Gegensatz zum Evangelium Jesu stehen. Eine neue Kultur pulsiert in der Stadt und wird in ihr konzipiert. Das erfordert, neuartige Räume für Gebet und Gemeinschaft zu erfinden, die für die Stadtbevölkerungen anziehender und bedeutungsvoller sind.

Das macht eine Evangelisierung nötig, welche die neuen Formen, mit Gott, mit den anderen und mit der Umgebung in Beziehung zu treten, erleuchtet und die grundlegenden Werte wachruft. Es ist notwendig, dorthin zu gelangen, wo die neuen Geschichten und Paradigmen entstehen, und mit dem Wort Jesu den innersten Kern der Seele der Städte zu erreichen« (Evangelii Gaudium 73).

Ein Weg durch die katholische Landesgarten-schau in Hildesheim

Ich schlage einen dritten Wanderweg vor. Durch die Innenstadt von Hildesheim. Bleiben wir bei den Katholiken – wir könnten dasselbe auch bei den evangelischen Geschwistern entdecken. Wer die Innen-stadtpfarrei besucht, wie ich es getan habe, stößt zum einen auf eine relativ kleine Gruppe klassisch geprägter Gemeindeglieder. Ja, wenn die Normform kirchlichen Lebens tatsächlich die vielfach upgegra-dete Gemeindegestalt der 70er-Jahre wäre, dann sähe es nicht so ro-sig aus. Es gibt kaum noch Gruppen, wenige Kirchgänger (die eher in den Dom gehen), und vor allem: Es kommt keiner nach. Traurig-keit und Ratlosigkeit beherrschen das Feld. Und die Augen sind ge-schlossen. Denn wir könnten ja anderes und Neues entdecken: Im Garten der Pfarrei konstituiert sich – argwöhnisch betrachtet:»Was bringt das denn?« – eine Gemeinschaft von spirituell Suchenden, der es gelungen ist, auch viele Schülerinnen und Schüler, aber auch Gärt-nerinnen und Gärtner zusammenzubringen. Hundert Meter weiter, in der Kirche des Priesterseminars, bildet sich mehr und mehr eine Gemeinschaft von jungen Familien, die mit einfachen, aber tiefge-henden Gottesdiensten Gemeinschaft schafft, die es in Hildesheim sonst so nicht gibt. Und was ist mit dem *Lüchtenhof,* in dem bald jun-ge Leute eine Lebensschule des Evangeliums gestalten und Grün-derinnen und Gründer einen Heimathub finden? Das ist aber noch nicht alles. Was ist mit der *Vinzenzpforte,* dem Ort für Wohnsitzlose in Hildesheim, der von Christinnen und Christen gestaltet wird, dem katholischen Altenheim, den katholischen Schulen, dem katholischen Kindergarten und dem katholischen Krankenhaus ... der katholischen *Kreuzbar* für Jugendliche und der spirituellen Oase *Heilig Kreuz*? Was ist mit der polnischen Gemeinde, deren Leben brummt, und mit dem *FrauenKirchOrt St. Magdalenen*, an dem die Initiative Maria 2.0 andockt?

Kein Mangel, nirgends. Eher die Frage, wie all dies begleitet wird – und wie ein Weg des Wachstums des Evangeliums gebahnt werden kann. All dies zusammen – und nur all dies zusammen – ist die reiche Kirche in der Innenstadt, mit ihrer Vielfalt an Sendungen, Fruchtbarkeit und Zeugnis. Was fehlt, ist der Blick, der all dies sieht und sein Wachstum begleitet. Dort, wo wir heraustreten aus den klassischen Gefangenschaften unseres kirchlichen Binnenzirkels, könnten wir die Fruchtbarkeit des Evangeliums und die Prozesse einer Kirche im Werden betrachten, uns freuen und daran lernen, wie unser Glauben heute geht.

Und wenn wir schon hinschauen ... Dieselbe Landesgartenschau und der städtische ekklesiale Waldspaziergang funktionieren noch krasser im Blick auf die Vergangenheit. Dann würde sich nämlich herausstellen, dass es vor allem der Fülle charismatischer Gaben gestern und heute zu verdanken ist, was wir heute sehen. Es war Angela Merici, die am Ursprung der Schullandschaft steht. Es war Louise de Maurillac, die am Ursprung des Krankenhauses, des Altenheims und der *Vinzenzpforte* steht. Es waren die Fraterherren, die die Erneuerung der Devotio moderna nach Hildesheim brachten. Es waren Kapuziner, Franziskaner, Benediktiner und Karthäuser, die mit der Geistkraft und Leidenschaft ihrer Charismen die Erneuerung der Kirche in den verschiedenen Zeiträumen wirklich werden ließen – und mit ihnen neue Formen und Gestalten des Glaubens parallel und vielfältig wachsen ließen.

Verflüssigung

Was passiert, wenn Kirche auf diese Weise ins Fließen kommt? Sie wird weniger greifbar. Kirche bleibt im Werden. Das ist die tiefe Wirklichkeit, ihre eigentliche DNA. Das Evangelium bewirkt in jeder Zeit, in jedem Kontext immer wieder neu Wandlungsprozesse – das glauben wir. Und deswegen wird der Blick auf das, was Kirche in Gegenwart und Zukunft ist, nicht auf Strukturen und Sozialgefüge fallen, nicht auf Institutionen und Einrichtungen, sondern auf die herrliche und manchmal furchterregende Dynamik des Evangeliums und der wirkenden Geistkraft, die das Angesicht der Erde und der Kirche erneuert.

Das legt einen anderen Zugang zu Veränderungsprozessen nahe. Es geht nicht darum, aus Angst und Furcht vor den Risiken der ankommenden Zukunft stabilisierende Strukturprozesse zu wagen, sondern intensiver die Weite und Fließkraft der Wirkkraft des Evangeliums wahrzunehmen.

Das Bild vom Waldspaziergang zeigt einen Zugang, der erfahrungsorientiert und entdeckerisch-neugierig ist. Er traut dem Geist Gottes mehr zu als den eigenen Bildern und planerischen Sicherheitsbedürftigkeiten. Es geht darum, der Lebenskraft des Evangeliums Neues zuzutrauen: dass Menschen aus der ihnen innewohnenden Geistkraft das Evangelium verkünden und dass das Reich Gottes durch Zeugen kraftvoll ins Leben kommt – und Kirche neu hervorwächst – in neuen Formen und Gestalten.

Das geschieht gleichsam von selbst, wenn Menschen auf der Suche nach ihrer Berufung und nach der Erfüllung ihres Sehnens dorthin unterwegs sind und sich dort sammeln lassen, wo sie Gottes Gegenwart mehr erfahren. Sie tun genau das Richtige – und das geht auf Kosten gewachsener Kirchengestalten. Das Spannende ist, dass auch Gemeinden im Transformationsprozess sind, im Sterben und Werden. Wir dürfen gespannt sein – und überrascht.

Das Sterben einer Kultur vorherzusagen, weil eine neue im Entstehen begriffen ist, ist unterkomplex. Wahr ist vielmehr, dass es unübersichtlich, im Fluss bleibt. Und es ist letztlich unkontrollierbar und entzieht sich – wie gut! – der Machbarkeit.

Was bedeutet das für eine Ortskirche und für kirchliche Institutionen? Die frohe Botschaft haben wir schon benannt: Wenn es um Aufbruch, um Dynamik und kraftvolle Verkündigung des Evangeliums geht, dann wird Kirche endlich das, was sie eigentlich ist. Sie ist Zeichen und Werkzeug der Wirksamkeit des Evangeliums.

Das bedeutet zum einen, dass jede institutionelle Gestalt der Kirche daran zu messen sein wird, wie sie der Verkündigung Wirksamkeit ermöglicht. Dafür ist pastoral alles zu tun: dass das Evangelium Menschen prägen kann, dass Charismen ins Licht kommen und wirksam werden können für das Aufbrechen des Reiches Gottes und das Werden der Kirche.

Dabei gibt es natürlich auch eine Dimension der Verantwortung. Im englischen Kontext ist dabei der Begriff der »generous orthodoxy« leitend geworden, den wir mit »weiter Katholizität« übersetzen können: Der Dienst an der Einheit ist ein begleitender, zum Ursprung mahnender und zur aushaltenden Weite ermutigender. Kirchliches Leitungshandeln wird – auf allen Ebenen – geprägt sein müssen von einer Entdeckerperspektive, die sich aus dem Ursprung des Evangeliums inspiriert. Es muss Wege und Räume der Unterscheidung der Geister ermöglichen, damit gemeinsam die Zukunft ergriffen werden kann und entsprechende Entscheidungen getroffen werden können. Leitungshandeln gibt großzügig Gastfreundschaft und inspiriert die kreativen Kräfte, sich in einer veränderten Welt selbst zu positionieren.

Und eigentlich stellt sich auch institutionelles Handeln im Rahmen gegebener Möglichkeiten in den Dienst. Geld, Fachkompetenz und Expertise werden zur Verfügung gestellt, damit an den unterschiedlichen Orten der Kirche und auf unterschiedlichen Ebenen Wirklichkeit entdeckt, Ressourcen geordnet und Prioritäten gesetzt werden können.

Dabei verändert sich allerdings ein säkulares Bild. Oft wurde und wird Kirche als stabile Burg gesehen, die dann entsprechend umgestaltet und umgebaut wird, wenn die Zeiten sich ändern. Für eine sich verflüssigende Kirche brauchen wir auf unseren Waldspaziergängen in den Biotopen des Evangeliums eher Zelte. Und es kann gut sein, dass wir als Kirche wieder eine nomadisch-pilgernde Existenz mit leichtem Gepäck verwirklichen: »Ebenso glaubte Abraham fest an Gott und hörte auf ihn. Als Gott ihm befahl, in ein Land zu ziehen, das ihm erst viel später gehören sollte, verließ er seine Heimat. Dabei wusste er überhaupt nicht, wohin er kommen würde. Er vertraute Gott. Das gab ihm die Kraft, als Fremder in dem Land zu leben, das Gott ihm versprochen hatte. Wie Isaak und Jakob, denen Gott dieselbe Zusage gab, wohnte er nur in Zelten. Denn Abraham wartete auf die Stadt, die wirklich auf festen Fundamenten steht und deren Gründer und Erbauer Gott selbst ist ...« (Hebr 11,8-10).

Darum geht es!

Mehr ist besser? –
Die Befreiung von der
Diktatur des Zählens und
ihre Konsequenzen

Seit Jahrzehnten registrieren wir abnehmende Zahlen. Ich erinnere mich an eine Sitzung des Kirchensteuerrates unseres Bistums, bei dem der Freiburger Wissenschaftler Professor Raffelhüschen seine Prognose abnehmender Mitgliederzahlen der Kirchen vorstellte und auf das Bistum Hildesheim anwendete. Die Zahl der Getauften sinkt um die Hälfte bis zum Jahr 2050 und damit auch die Wirtschaftskraft des Bistums.

Diese Erfahrung machen wir schon länger. Sie ist Konsequenz einer tiefgreifenden Veränderung unserer Gesellschaft, die sich spätestens seit dem Ende des 19. Jahrhunderts deutlich abzeichnet und durch die Zeit nach dem Ende des Zweiten Weltkriegs nur kurz aufgehalten wurde.

Es genügt hierbei, die Literatur des beginnenden 20. Jahrhunderts zu lesen. Und wer ernsthaft die soziologischen Studien über die zweite Hälfte des 20. Jahrhunderts liest, dem wird schnell deutlich, dass ein langer Prozess der gesellschaftlichen Entwicklung auf die Selbstbestimmung des und der Einzelnen hinausläuft, auf die Mobilität und Verflüssigung von Biografien, auf die Individualisierung und Entgrenzung eigener Horizonte. Dies genau führt zur Auflösung einer »Ordnung« und »Gestaltung« kirchlichen Lebens, die sich ähnlich wie der immer näher kommende Klimawandel zunächst fast unbemerkt ereignete, dann aber, mit Beginn der 60er-Jahre, an Tempo zunahm und zur Jahrtausendwende nicht mehr zu leugnen war.

Was ist daran schlecht?

Ich habe es nie anders erlebt, seitdem ich bewusst mein Christsein und meine Umgebung wahrnehme. Ich habe die Volkskirche nie vermisst. Ich weiß gar nicht, wie es anders sein könnte.

Und doch bin natürlich auch ich am Anfang meines kirchlichen Dienstes geprägt gewesen von einer tendenziell vergeblichkeitsorientierten und damit milieukirchlichen Perspektive. Es werden nicht mehr, es werden weniger – und das ist defizitär.

Recht schnell ging mir auf, dass diese Rede vom Defizit sich an einer bestimmten Form institutionalisierter Volkskirche und ihren Kategorien orientierte. Wir messen bis heute die Zahl der »Gottesdienstbesucher«, der »Getauften« und der »Beerdigten«, ohne dass wir qualitativ etwas dazu aussagen könnten. Es sind Zahlen. Und sie sind mehr als problematisch und ambivalent.

Natürlich – die so gewordene Volkskirche passt in ein Gefüge einer für stabil erachteten Gesellschaftsformation, die sich in Milieus und Vereine, in Wertehierarchien und festen Zugehörigkeiten einbindet. Sie kennt Mitgliederverzeichnisse, sie misst Beiträge am Steueraufkommen – und sie lebt aus einer gewachsenen konfessionellen und christlichen Selbstverständlichkeit, die einen für ideal beurteilten Normzustand beschreibt.

Aber hat es diese Selbstverständlichkeit jemals wirklich gegeben? Natürlich könnte man verweisen auf volle Kirchen, auf hohe Zahlen im Blick auf Erstkommunion und Firmung – aber was genau hieß das damals, als es so gewesen war?

Schon damals – in meiner Kindheit – führte die Verflüssigung der Lebensentwürfe, die größere Freiheit von eingrenzenden Sozialkontrollen und die größere Weite der Mobilität zu einer massenhaften Neuorientierung vieler Glaubenseinstellungen. Schon die Generation meiner Eltern ist davon gezeichnet. Nein, es stimmt überhaupt nicht, dass die heute Neunzigjährigen frömmer und katholischer oder evangelischer sind als die jungen. Wohl stimmt, dass sie selbst noch aus einem eher kontrollierten Milieu kommen und in sehr unterschiedlicher Weise ihren persönlichen Weg entwickelten – wie dann auch ihre Kinder und Enkel.

Die vier Generationen

Treffend wie immer haben das die anglikanischen Kolleginnen und Kollegen für ihre weitaus fortgeschrittenere entkirchlichte Situation beschrieben: Während in der ersten Generation Eltern und Kinder selbstverständlich einen kirchlichen Glauben lebten und praktizierten, sind es in der zweiten Generation die Eltern, die ihre Kinder noch in die Kirche schicken. In der dritten Generation erinnern sich die Eltern an ihre eigene Kindheit, wenn sie an die Kirche denken – schicken aber ihre Kinder nicht mehr zur Kirche. In der vierten Generation sind dann weder Eltern noch Kinder jemals existenziell mit Evangelium und Kirche zusammengekommen.

Alle diese vier Generationen finden sich heute – auch aufgrund der Vermischung unterschiedlicher Glaubenskulturen – in jeder Kirchenkonstellation wieder. In der großen Heterogenität hat sich schon heute eine gänzlich andere Kirchenkonfiguration entwickelt, die viele aber immer noch vor dem Hintergrund einer für normal erachteten »Bilderwelt« beurteilen.

Und ja, ich kann es kaum ertragen, wie apokalyptische Szenarien des Kirchenendes an die Wand gemalt werden, von »progressiver« wie »konservativer« Seite, deren Bildvorlage eine bestimmte Kirchenkonfiguration einer überholten Vergangenheit ist. Denn diese Bildwelt ist nicht zwingend – sie liegt nur so nahe. Bestimmte Ideale prägen sie. Ich möchte an einigen Beispielen deutlich machen, was gemeint ist – und wie wir uns selbst fesseln.

Meine These heißt: Eine neue Wirklichkeit der Kirche ist schon lange auf dem Weg, und das Evangelium findet auch heute seine Formen, die es in dieser Welt wirksam machen. Uns fehlt nichts – aber wir brauchen einen echten Bildersturm in unseren Herzen.

Weniger ist schlecht – mehr ist besser?

Christsein wird nach Flächendeckung und Zahl gemessen, an Zugehörigkeit zu einer kirchlichen Körperschaft des öffentlichen Rechts. Das hat geschichtliche Wurzeln. Sie reichen weit in die scheinbar normative Vergangenheit hinein. Normativ, weil nicht anders erinnerlich, sind die folgenreichen Entwicklungen schon im 4. Jahrhundert. Wenn das Christentum zur staatstragenden Religion wird, dann gehört es sich bald, Christ zu sein. Wenn dann noch mit römischer und später fränkischer Staatsgewalt das Christentum zum Standard gehört, dann bleibt es – trotz aller Reformation – in derselben Spur, wenn Fürsten und Könige die Konfession ihrer Untertanen bestimmen können. Damit ist dann klar, dass das Christentum zu Europa gehört und man sich bestenfalls für eine andere Konfession entscheiden kann. Entsprechend gestaltet sich auch kirchliches Leben vor Ort. Die Pfarrei wird die umschreibbare und kontrollierbare Instanz, in der sich Christentum in unterschiedlichen Facetten ereignet: Alle sind und bleiben Christen.

Wir wissen alle, dass diese flächendeckende Umfassung des christlichen Glaubens als historische Form hinter uns liegt. Und dennoch: Die Diasporasituation einer Konfession wurde immer als defizitär gesehen, als Ausnahme von einer Normalität. Für mich ist dieses Christsein in »konfessionellen Aquarien« nie ein Bild gewesen, das meiner Wirklichkeit entsprach, und spätestens seit den konfessionellen Vermischungen von Industrialisierung, Flucht und Vertreibung und der biografiegeprägten Mobilität bleibt es spannend zu sehen, warum diese Form christlichen Lebens so nachhaltig zur Vollform christlichen Lebens werden musste.

Die gemeindezentrierte Beschreibung der christlichen Wirklichkeit

Die Einbindung aller in eine Gemeinschaftsgestalt in Zeiten zunehmend verflüssigter Christlichkeit hat sich verändert – das Ziel blieb ja: Alle gehören irgendwie dazu. Zeitgeistig wurde daraus eine merkwürdige Verwechslung von Gnade und Leistung, denn da ja alle dazugehörten, ging es nicht um das Evangelium und seine bewegende Kraft, die Menschen in die Nachfolge Christi ruft, sondern um die Frage, ob sie zur Kirche kommen, sich engagieren und mitwirken.

Aus diesem Bild wuchsen Hierarchien, die noch grausamer exkludieren, als wir ahnen: Von den Hochengagierten und multitaskenden Ehrenamtlichen geht der Weg nach unten zu denen, die nur sonntags zur Kirche kommen. Und dann wird es gruselig: treue Kirchenferne, Kasualienfromme, Fernstehende, Weihnachtschristen bis hin zu den sogenannten anonymen Christen.

Und so muss man sich einige Fragen stellen: Wie kommt es eigentlich dazu, dass wir das Evangelium und seine Strahlkraft so stark mit einer Kirchengestalt verwechseln? Und wieso ist die Kirche in einer bestimmten und dann auch noch homogen und normativ gedachten Form so zentral und monokulturell wichtig? Wie kommt man auf ein derartig reduziertes Kirchenverständnis?

Ein Angebots- und Dienstleistungsverständnis

Das Spannende daran ist, dass in den heftigen Diskussionen über die Zukunft der Kirche, die ich im deutschen Sprachraum wahrnehme, dieses Hintergrundmuster die Fragen leitet und die Emotionen schürt. Letztlich steht dahinter dasselbe Bild einer unbedingt zu erhaltenden Kirchenwirklichkeit, die sich als Gesamtsystemgefüge darstellt.

Es geht darum, dass »Kirche« wieder attraktiv und relevant wird. Gemeint ist damit eine Kirche nach dem Bild, wie es eben skizziert wurde: eine sehr machtvolle Wirklichkeit mit einer großen Zahl von Mitgliedern, ein attraktives und zugleich postmodernes und dienstleistendes »Gemeindechristentum«.

Es verwundert doch sehr, denn die meisten derjenigen, die sich heute hauptberuflich in der Kirche engagieren, die sich mit Reformkonzepten im Blick auf neue pastorale Konzepte auf den Weg machen, teilen die von ihnen als Hintergrundfolie verwendete Kirchenwirklichkeit nicht mehr existenziell. Vielleicht haben sie es noch nie getan.

Und es verwundert, dass man denken kann: Wenn wir nur genügend attraktive Angebote und Dienstleistungen anbieten, kommen die Menschen wieder und zurück (wohin genau?). Das werden sie nicht tun – auch wenn dies überhaupt nicht gegen eine hohe Adressatenorientierung spricht und gegen die Notwendigkeit echter authentischer Qualität der Liturgie, der Verkündigung und der Caritas. Im Gegenteil! Aber es geht nicht mehr darum, dadurch Menschen zu binden, sondern ihnen einen Zugang zum Geheimnis des Glaubens zu ermöglichen. Solange diese Absichten verwechselt werden, bleibt jede Qualitätsentwicklung, jede Angebots- und Dienstleistungsorientierung vergangenheitsorientiert.

Es verwundert noch mehr: Wie kommt es eigentlich, dass so viele Reformvorschläge auf das Update der bisherigen Kirchengestalt abzielen – als wäre sie eine normative Denkgrundlage und Gestaltform. Wie kommt es, dass die zweifellos zu diskutierenden Fragen um Ordination, Machtkontrolle und Partizipation so eingeordnet sind im Selbstbestand einer Institution und ihrer Gestalt?

Mich verwundert, dass es tatsächlich denkbar scheint, im 21. Jahrhundert ein Kirchenbild und eine Kirchenentwicklung institutionell zu planen. Mich verwundert, dass immer noch Menschen wiedergewonnen werden sollen durch attraktive Angebote und Dienstleistungen. Im Hintergrund steht der Wunsch, dass sie wieder einen Zugang zu einer glaubwürdigen Kirche finden – und dass dann Kirche eine wichtige Rolle in der Gesellschaft spielen kann.

Noch einmal: Auf dem Hintergrund der benannten Verwechselung zwischen Evangelium und Kirche kann ich das verstehen, aber dann gerät die Diskussion in eine Schräglage. Es geht doch nic darum, eine bestimmte Kirchengestalt und mit ihr das entsprechende Gefüge unbedingt zu erhalten. Es geht nicht darum, eine bestimmte Kirchengestalt durch die Jahrhunderte zu tragen. Und es geht schon gar nicht darum, an Hand von Zahlen die Wirksamkeit des Evangeliums zu messen.

Erstkommunion als angesagte Vergeblichkeit?

Anhand der Erstkommunion und ihrer Vorbereitung lässt sich diese Problemkonstellation sehr gut beschreiben. Seit etwa hundert Jahren gibt es die Idee der Erstkommunion mit neun Jahren. Sie ist theologisch begründbar, aber letztlich beliebig. Aber sie hat eine grundlegende Voraussetzung: Sie setzt einen geordneten volkskirchlichen Rahmen voraus, der die Vollzahl der Neunjährigen erfasst, die – ja, in der Regel, so gehört es sich – als Babys getauft wurden. Sie sind nun, vorbereitet durch einen eingebundenen Glaubensweg ihrer Eltern, grundlegend in den christlichen Glauben hineinsozialisiert und können nun durch katechetische Vorbereitung in das zentrale Kirchensakrament eingeführt werden: zur Erstkommunion.

Die Idee ist, dass sie dann ihren Glaubensweg Sonntag für Sonntag weiter mitgehen, sich engagieren und so die nächste Kirchengeneration abbilden. Soweit ihre Karriereplanung.

Jeder von uns weiß, dass dieses Bild völlig konträr zur Wirklichkeit steht. Und dies seit mehr als fünfzig Jahren. Und dennoch arbeiten sich Generationen von Hauptberuflichen und Engagierten an diesem Bild ab.

Schon als Merker soll hier festgehalten werden: Es wird deutlich, dass wir diese wirksame Hintergrundfolie einer flächendeckenden und umfassenden Kirchenwirklichkeit mit bestimmten Berufsbildern verknüpft haben, mit einer bestimmten Idee von Katechese und einer bestimmten Vorstellung christlicher Existenz, bei der es eben nicht um existenzielle Zugehörigkeitsentscheidungen geht, sondern um gesellschaftliche Zugehörigkeitszuweisungen. Das macht im Übrigen das Nachdenken nicht leichter: Bei den Bilderstürmungen geht es eben nicht um das eine oder andere Element, das verlassen werden sollte, sondern um ein ganzes Paradigma.

Das macht auch verständlich, warum es so lange dauert, bis eine neue Sicht möglich wird. Alle haben etwas zu verlieren, für alle verändert sich das Hintergrundbild und alle damit zusammenhängenden Selbstverständlichkeiten und Denkvoraussetzungen. Wer will das schon?

Zurück zur Erstkommunion: Die Voraussetzungen stimmten seit Jahrzehnten nicht mehr, seit Generationen (sie haben schon bei meiner Erstkommunion vor fünfzig Jahren keine Rolle gespielt). Und erstaunlich bleibt, wie sehr trotz allem die Parameter weiter unhinterfragt gelten. Das lässt sich nur mit dem Fehlen neuer Bilder erklären. Und es würde vor allem voraussetzen, dass die Grundverwechselung von Kirche und Evangelium mit allen ihren Folgen aufgehoben wird.

Wie könnte dann ein Weg der Freiheit aussehen? Ganz ehrlich: Er beginnt mit der absichtslosen Verkündigung des Evangeliums. Wenn wir wirklich ein ehrliches Desinteresse entwickeln könnten am Selbsterhalt der Gemeinde, an der Form der vergangenen Volkskirche, dann könnte die Erstkommunion zu einem spannenden Ort neuer Erfahrung des Evangeliums, der Liturgie werden – und der Ort, wo das Evangelium wirksam werden kann.

Wenn es nicht um den Erhalt einer Gemeindekirche und einer kirchlichen Institution geht, dann können hier neue Erfahrungen der Wirksamkeit des Evangeliums gemacht werden. Und es würde sich herausstellen, dass vielleicht viele Menschen – Erwachsene wie Kinder – sich sehr wohl einlassen können auf einen Zugangsweg zum Geheimnis des Glaubens, ohne sich deswegen mit einer bestimmten Kirchengestalt zu verknüpfen.

Es könnte dann sehr vieles passieren: Es können sich neue Gemeinschaftsformen entwickeln, Eltern und Kinder könnten darin bestärkt werden, ihren eigenen Glaubensweg zu gehen und zu erfahren, wie Glaubensgemeinschaft geht.

Dann und nur dann wäre die Erstkommunion keine Vergeblichkeitsübung mit Ansage. Ihr Ziel wäre hingegen, den großen Schatz des Evangeliums erfahrbar zu machen – und dies ohne jede Absicht außer der, einen Raum der »Gotteserfahrung« zu ermöglichen.

Es muss an diesem Punkt nicht wiederholt werden, was in exemplarischer Deutlichkeit am Anfang des Jahrtausends in der Sinus-Milieu-Studie deutlich wurde: Die Prägungen einer milieubegrenzten Kirchlichkeit passen in keiner Weise zu den Lebenspraxen moderner Milieus.

Ohne Jugend keine Zukunft?

Es ist wahr: Junge Menschen sind offen für Ideale, sind ansprechbar für das Evangelium. In Zeiten konfessioneller Aquarien bestand der missionarische Impuls in der Integration durch religiöse Sozialisierung. Aus der Zeit stammt der Wunsch, junge Menschen zu binden – egal mit welchen Mitteln. Denn wenn sie einmal gebunden sind, so die Hoffnung, werden sie dann auch in Zukunft als Erwachsene die Kirche und die Gemeinde vor Ort tragen.

Und genau dieser Zusammenhang stimmt also in keiner Weise. Wahr ist, dass Menschen – und auch junge Menschen – ein waches Gespür für Authentizität und für das Evangelium haben, aber das wirkt sich eben nicht sozialformkonservativ und sozialformerhaltend aus. Ganz im Gegenteil wird deutlich: Sie können diesen Zusammenhang gar nicht sehen – und organisieren sich kirchlich anders und neu. Nur scheinbar »passt« ihr Engagement in die gewachsene Kirchengestalt. Wer von einer bestehenden Kirchenkonfiguration aus dieses Engagement wahrnimmt und beurteilt, ist blind und nicht bereit, Kirche neu zu lernen.

Was aber hier für junge Menschen gesagt wurde, gilt tendenziell für alle Generationen, auch für diejenigen, die zu den Älteren zu zählen sind. Schon lange stimmt es eben nicht, dass die verfasste Kirchlichkeit an der Gemeindezugehörigkeit festzumachen ist. Offensichtlich lösen sich die Kategorien auf. Katholiken, Protestanten, Freikirchler, Sympathisanten, Suchende, Pilger und Konvertiten, Samariterinnen und Rastlose – sie alle wissen gut zu bestimmen, welche Gemeinschaftsformen und welche Zugehörigkeiten, welche Ereignisse und Liturgien für ihren Weg und ihr weiteres Wachsen nötig sind.

Taufquoten und Austritte

Auf diesem Hintergrund wird dann sichtbar, wie kurzgegriffen die Überlegungen zum Wandel der katholischen (und evangelischen) Kirche sind, wenn sie auf dem Hintergrund einer bestimmten Organisationsform und auch auf dem Hintergrund eines bestimmten Kirchenbildes weiter entwickelt werden.

In der Tat hat Professor Raffelhüschen einfach nur den Niedergang eines bestimmten Bildes beschreiben können und die damit verbundenen Auswirkungen auf die institutionell-organisationelle Gestalt des Christentums in Deutschland. Wenn es tatsächlich um Mitglieder und Geldeinnahmen geht, dann wird eine bestimmte Form unhinterfragt normiert, die dies aus theologischen Gründen gar nicht ist und schon gar nicht sein muss.

Entsprechend war dann der Hinweis zu verstehen: Die bestehenden Trends lassen sich nur dann verändern, wenn die Taufquote erhöht und die Austrittsquote verringert wird – und das gelänge nur durch eine intensive Beziehungsarbeit. Weder Taufquote noch Austrittsquote verlassen das Paradigma einer selbstreferenziellen

Kirchlichkeit, sondern bleiben im Rahmen der Restbilder konfessionelle Aquarien.

Biblischer Zwischenruf: die Katastrophe des Zählens

Einen Moment gilt es innezuhalten. Die Magie großer Zahlen, die Verheißung echter Überlegenheit durch Quantität, die selbstreferenziellen Bewahrungsbemühungen spielen in den biblisch gefassten Erfahrungen des Volkes Gottes keine kleine Rolle. Eine erste Erfahrung wird aus der Zeit des König Davids berichtet. Er hatte sich reizen lassen, sein Volk zu zählen – genau das wollte Gott aber nicht. Warum nicht? »Zählen« verheißt Kontrolle, ermöglicht Berechenbarkeit, Ausrechenbarkeit der Dominanz. Im 1. Buch der Chronik ist es Joab, der den entscheidenden Widerspruch benennt: »Der Herr möge sein Volk vermehren, hundertmal mehr, als es jetzt ist. Sind denn nicht alle, mein Herr und König, Untertanen meines Herrn? Warum hat mein Herr diesen Wunsch? Warum soll Israel in Schuld geraten?« (1 Chr 21,3).

Die Zahl des Volkes, das Gott gehört, ist Gott offenbar. Er führt es, er begleitet es. Und hier erfolgt mit dem Zählen ein Machtwechsel. Es geht ja eben nicht darum, dass das Volk Israel »eins« der Völker wird, die sich politisch und strategisch einbringen und ihre Einflusssphären entwickeln – das Volk ist Gottes Volk ...

Eine ähnliche Perspektive lässt sich entdecken, wenn man die Geschichte des Richters Gideon liest. Im Buch der Richter (Ri 7,1ff) wird der Kampf gegen das fremde Volk der Midianiter beschrieben. Deutlich wird auch hier, dass eine hohe Zahl von Kriegern die Handhabbarkeit der Schlacht und die Leistung des Sieges in der Hand Gideons wären. Genau das aber verhindert Gott, der ihn mehrmals auffordert, die Zahl der Kämpfenden so lange zu verringern, dass am Ende der Sieg der Israeliten nur ein Werk Gottes sein kann.

Hier zeigt sich eine ähnliche Perspektive: Nicht eine bestimmte Position und Machtstellung, nicht eine bestimmte Zahl ermöglichen den Sieg, sondern das Handeln Gottes mit und an seinem Volk.

Das Zählen – die Zahl der Mitglieder, die Taufen, die Gottesdienstbesucher – wird in diesem Licht zu einer Versuchung. Denn es kann nicht darum gehen, nach bekannten Kriterien eine Einflusssphäre zu bewahren oder aufzubauen. Es geht schlicht darum, auf einem nicht kontrollierbaren Weg zu sein, getragen von Gott und dem Glauben an ihn.

Es ist mir schon klar, dass solche Einwürfe tendenziell zu fromm wirken. Aber genau hier kommt es darauf an. Mir geht es weniger um den Bestandserhalt einer Volkskirche noch um die gegenabhängige Schrumpfungseuphorie. Mir geht es um etwas Grundsätzlicheres: Der Weg des Volkes Gottes – der Kirche – findet immer wieder neue Gestaltformen, die jeweils Antwortversuche auf gesellschaftliche Wandlungsprozesse sind. Sie liegen weder in der Hand der Zukunftsplaner noch der Pastoralstrategen und haben keinen Ewigkeitswert. Ganz im Gegenteil. Sie haben den Charme des Kairòs, die Gnade der Zeitgenossenschaft.

Das erfordert immer wieder das Loslassen und Bilderstürmen. Zweifellos befinden wir uns in einer Phase der tiefen Transition und Transformation. Allerdings geht es nicht darum, Neues zu erfinden oder Altes upzugraden, sondern es ist vielmehr ein Entdeckungsvorgang für eine Entwicklung der Kirche, die sich – mit vielen Fragen – seit mindestens sechzig Jahren zeigt und die dennoch vom Muster der Bestandswahrung gelesen werden kann. Doch die Irritationen nehmen zu! Wollen wir es nicht wagen, die alten Dialektiken zu verlassen und weder von einer flächendeckenden Volkskirche noch von der kleinen Herde zu reden, sondern uns auf das einzulassen und das zu lesen versuchen, was wir vor Augen haben, um jene Früchte zu entdecken, die jenseits unserer Muster gedeihen.

Noch einmal am Jordan ...

Ist das für uns eine Verheißung? Noch einmal gehen wir mit dem Volk Gottes an den Jordan. Wir lauschen den Berichten der Kundschafter, die uns von einem verheißungsvollen Land berichten. Das alles ist nicht ohne Risiko, ist mit den bekannten Mitteln und Zahlen nicht zu schaffen. Wir sind hoffnungslos unterlegen.

Gerne können wir die Vergangenheit fortsetzen. Wie das Buch Numeri berichtet, war es den Israeliten nicht möglich, in die Zukunft zu gehen. Es fehlten der Glaube und das Vertrauen, und vor allem waren die Bilder der Vergangenheit zu wirkmächtig. Obwohl schon so lange fort aus der ägyptischen Gefangenschaft, waren diese Bilder immer noch handlungsleitend, sie übten immer noch Kraft aus.

Das muss man respektieren. Und auch Gott tat es. Das macht leider Veränderungswege schwierig. Das Volk musste weiter seine selbstreferenziellen Kreise ziehen, musste weiter murren und von goldenen Vergangenheiten träumen. Erst später gelang der Übergang. Für Gott war es nur ein temporäres Problem, damals wie heute.

Man muss aber auch bedenken, wo das Recht des Volkes Gottes lag. Im Murren lagen eine Überlebenskraft und ein tiefes Wissen darum, dass nach dem Jordan alles anders wird.

Aber vielleicht könnten wir heute den ersten Früchten schon trauen?

Dienste jenseits klerikaler Ableitungen – ein anderer Zugang zu den Diensten im Gottesvolk

Wieder einer jener rituellen Aufreger. Endlich haben es »die Römer« verstanden – und es wird nun auch kirchenrechtlich möglich, dass Frauen und Männer Lektorinnen und Lektoren und Akolythinnen und Akolythen werden können. Das haben wir schon lange – da warten wir doch gar nicht auf das Kirchenrecht.

Natürlich ist die Kirche mal wieder viel zu spät dran, und wir Deutsche sind ja ohnehin immer schon zwanzig Jahre weiter … Wir haben es auch schon gemacht, als es noch nicht im Kirchenrecht stand …

In diesen und ähnlichen Stellungnahmen spiegelt sich – wir sind alle im Spiegelkabinett – ein Bildgefüge kirchlicher Selbstreferenzialität, an dem wir selbst beteiligt sind. Das werden wir in diesem Buch an anderer Stelle noch ausführlicher betrachten, denn es macht einen wichtigen Teil unserer Unfreiheit aus und lässt in den klassischen Konfigurationsmustern von Oben-Unten, Hierarchie-Laien und Autoritätskonflikten unsere pubertierende Kirchenseele aufleuchten. Wie wunderbar, wenn da alle mitspielen und ihre Voreingenommenheiten wechselseitig bestätigen. Zukunftsfähig ist das nicht.

Hier geht es aber auch mal um die Sache: um Dienste in unserer Kirche, um Verantwortung in einer nichtklerikalen Kirche.

Wieder mal in Afrika

Hier muss die Rede auf Fritz Lobinger kommen. Mit ihm, Oswald Hirmer und auch mit Michael Wüstenberg habe ich langsam die Revolution gelernt, die sich jetzt bei uns beschleunigt ereignet. Auch in Südafrika sind der Ausgangspunkt und das innere Bild zunächst und durchdringend das klerikale Kirchenbild der Versorgungskirche. Welche Schritte führten weiter? Zunächst muss man festhalten, dass auch die südafrikanische Kirche lange Jahrzehnte das Mangelspiel eingeübt hatte, das wir jetzt in Europa langsam kennenlernen durften: Die Größe und Weite der Pfarreien hing an der Anzahl der zur Verfügung stehenden Priester. Diese versorgten dann die Pfarreien einmal im Monat oder einmal im Jahr. Und damit entstand eine Abhängigkeit, die wir aus unserem Kontext sehr gut kennen. In einem solchen Bild stirbt die Kirche dann, wenn kein Priester mehr da ist. Alle Aufgaben und Dienste hängen dann vom Priester und seinen Mitarbeitenden ab: denn Lektoren und Akolythen werden zur Unterstützung des Priesters eingesetzt, damit er nicht alles selbst machen muss. Aus dieser Perspektive heraus sind diese Dienste nicht nötig. Und Menschen können sich geehrt fühlen, wenn sie darauf angesprochen werden, denn sie gewinnen dadurch eine herausgehobene Position, was sie entweder ablehnen (… und aus der Gemeinde nach »oben«, »in den Altarraum« kommen) oder befürworten (und dann leicht Quasiklerikale werden).

Wie kam es zu einer Veränderung? Mit einer Vision! Mit der Vision, die hinter dem Zweiten Vatikanischen Konzil steckt und die von vielen Bischöfen der Weltkirche aufgegriffen wurde. Denn es war offensichtlich, dass die Kirchen Afrikas, Asiens und Lateinamerikas nie das europäische Modell und Bild umsetzen würden können, trotz aller innerer Kirchenbilder, die die Missionare aus Europa mitbrachten und – zumindest zu Beginn – umsetzen wollten. Dass dies nicht funktionierte, wurde schnell klar – und es hatte auch kaum Resonanz.

Und während in Europa die ökumenische und liturgische Bewegung zu einem Nachdenken über die Reichweite des gemeinsamen Priestertums führten, waren es in den anderen Kontinenten die Normalerfahrungen der Unmöglichkeit oder doch mindestens Absurdität der europäisierenden Kopierversuche, die zu einem radikalen Bildwechsel führten.

Die Idee der »small christian communities« ist nun aber nicht ein Notprogramm, sondern ein Entwicklungsprozess einer neuen Art des Kircheseins. Es ist kein Ersatz, sondern ein neuer Ansatz. Und die Vision einer Kirche, die Kirchesein vor Ort in seiner sakramentalen Fülle beschreibt, wird sehr gut in jenem Diktum der ostafrikanischen Bischofskonferenz deutlich, dass »Kleine Christliche Gemeinschaften« »die lokalste Verwirklichung und Inkarnation der einen, heiligen, katholischen und apostolischen Kirche« sind.

Es geht hier also nicht um Gruppen, sondern um »Kirche« im wahrsten Sinne des Wortes: selbstständige, selbstwirksame Gemeindeformationen, in denen alle Dienste und Aufgaben unter den Geschwistern geteilt werden.

Der Hinweg ...

... ist lang. Eine solche Vision braucht einen längeren Verwirklichungsweg. Aber vorher noch ein wichtiger Gedanke: Es ging bei der Vision nicht um den Selbsterhalt der Kirche. In Südafrika kann man mit den Visionären Oswald Hirmer und Fritz Lobinger lernen, dass die Sendungsperspektive entscheidend ist. Der pastorale Prozess war an der politischen Wirklichkeit orientiert: »comunity serving humanity« – die Gemeinschaft dient den Menschen. Kirche wird also nicht als Verein gedacht, der sich neu strukturieren muss, um zu überleben, sondern als ein Instrument, ein Werkzeug. Die Gemeinschaft bezeugt durch ihr Miteinander und ihre Leidenschaft für die Menschen die Leidenschaft der Liebe Gottes für die Welt.

Aber wie kann der Übergang nun konkret gelingen? Ich erinnere mich sehr gut, wie ich einen reifen Zwischenstand in einem kleinen Bergort in den verlassenen Bergen Südafrikas erlebte.

Und wer genau hinschaute, der konnte die beiden Grundsäulen entdecken, die zu dieser Veränderung führten. Und beides waren Führungsentscheidungen, die auch dann nicht von selbst kommen, wenn in den Herzen der Menschen schon alles vorbereitet ist.

Leben aus der Quelle …

In diesem kleinen Ort saßen wir mit fünfzehn zumeist älteren Menschen zusammen. Alle hatten ihre eigene Bibel dabei. Sie war vom vielen Gebrauch abgenutzt, das sah man. Wir lasen miteinander die Schrift – das war ganz normal.

Seit mehr als einem Jahrzehnt ermutigte die Kirche sehr systematisch zu einem existenziellen Umgang mit der Schrift. Das »Gospelsharing«, das auf uns zuweilen methodisch unterkomplex wirkt, war hier die Hoffnung für die normalen Mitchristen. In den vielen methodischen Wegen, die es kennt, ging es aber immer um eins: dass Getaufte endlich, mit eigener innerer Gewissheit und in Gemeinschaft, das Wort Gottes hören könnten.

Ich war und bin zutiefst von der Selbstverständlichkeit beeindruckt. Und ich bin weiterhin sehr erschrocken, dass ein System klerikal-professioneller Prägung genau diese Selbstverständlichkeit nicht kennt.

Das dürfte kein Zufall sein. Weder in Bischofskonferenzen noch in Priesterräten, weder in bischöflichen Gremien noch in Pfarrgemeinderäten setzt sich ein existenzieller Umgang mit der Schrift durch. Gebete, Texte und eigene Überlegungen sind eben nicht dasselbe. Sie verhindern nämlich zum einen Prozesse, die zu einer tieferen (synodalen?) geschwisterlichen und gleichwürdigen Gemeinschaft führen. Zum anderen führen sie nicht zum geistlichen Wachstum und beeinflussen das Handeln nicht. Und wieder wäre sie da: die Trennung von Spiritualität und Engagement, von Geistlichem Wort und Tagesordnung.

Das ist ein Systemfehler, der aber mit zu einem System klerikal-professioneller Übermächtigung gehört: Wenn es nicht um gleichwürdige Partizipation gehen soll, wenn einige mehr wissen können und wollen als andere, dann wird auch die Scheu voreinander größer, dann kann das Wort Gottes nicht seine Wirksamkeit unter den Brüdern und Schwestern entfalten.

Wenn es »die Kirche« ist, die uns das Wort Gottes »gibt«, dann könnte das den Eindruck erwecken, dass es in der Weisheit (?) oder der »Vollmacht« einiger Verantwortlicher der Kirche steht, das Wort Gottes dem Volk Gottes zu verkünden. Genau das aber ist nicht der Fall.

Wenn das Wort Gottes – wie beim Bibel-Teilen – sich sprechen darf, dann wachsen Christen selbstbewusst heran, entdecken ihre Gaben und bringen sie ein. Die Leitungsentscheidung bestand nun darin, jenen »Machtraum des Wortes« zu eröffnen, in dessen Dynamik Kirche wachsen kann unter denen, die das Wort Gottes berührt und verwandelt.

Nirgendwo, das ist meine Beobachtung, erneuert sich die Kirche, wenn nicht das Wort Gottes mitten unter den Menschen wirken kann und ihre Nahrung und Quelle wird. Und dort, wo es geschieht, wächst – in allen Kulturräumen – Kirche neu. Aber überall verlassen solche Prozesse das Bild einer Kirche der »mehr Wissenden«, der »mehr Dürfenden« und einer Rede von »Laien«, die letztlich doch abwertende Hierarchien meint.

Genau das war und ist die Absicht dieser »Demokratisierung« des Wortes Gottes, die sich etwa beim Bibel-Teilen ereignet.

Dienste teilen

Fritz Lobinger unterstreicht, dass die erste Säule nicht funktionieren kann ohne die zweite. Er spricht von »sharing ministries«, von der gemeinsamen Verantwortung für das Leben der Kirche am Ort. Was ist damit gemeint?

Ich sitze in jenem Bergdorf, mit den zumeist Älteren. Wir lesen das Sonntagsevangelium. Danach frage ich neugierig: »Wie ist es hier mit den Diensten, die ihr teilt?« Sie schauen neugierig zurück. Jeder und jede berichtet von dem Dienst, den er oder sie übernimmt. »Ich«, sagt mir eine Ältere, »bereite mich gerade vor, die Katechumenen zur Taufe zu führen.« Ich bin sprachlos. Aber genau darum geht es – dass Christinnen und Christen, die aus der Quelle schöpfen, auch entdecken, was ihre Aufgabe sein kann.

Und eine Kirche, die hier ihre Aufgabe wahrnimmt, hat die Pflicht, Menschen eine Zurüstung zu ermöglichen, die einen charismenorientierten Weg der Kirchenentwicklung bereiten.

Zu diesen Diensten gehören auch Leitungsdienste. Es ist mehr als stimmig, dass dort, wo eine solche Kirchenentwicklungsperspektive eingeschlagen wurde, auch selbstverständlich neue Dienste der Leitung entwickelt worden sind, die nicht aufgrund von Delegation, sondern durch Berufung und Wahl, Charisma und Partizipation entstanden sind.

Das klerikalisierte Ehrenamt

Damit löst sich auch die Rede vom Ehrenamt in Luft auf. Denn diese Rede offenbart ihre ganze klerikal geprägte Gegenabhängigkeit in dem Moment, in dem ich sie dem »Hauptamt« oder dem »Hauptberuf« gegenüberstelle. Was gesamtgesellschaftlich ein anerkannter Begriff für freiwilliges Engagement ist, wird im kirchlichen Kontext hineingezogen in die Frage, wer eigentlich kompetent ist und wer wen beauftragt. Das ist – sieht man einmal von der dünnen demokratischen Basis der bestehenden Räte ab – immer die professionelle Leitung, die bis heute entscheiden kann, ob es beispielsweise Beerdigungsleiter gibt oder nicht.

Das trifft de facto auch auf Lektorinnen und Akolythen zu. Wer ein wenig die Art und Weise verfolgt, wie viele Glaubensgemeinschaften diese und andere Dienste handhaben, wird letztlich immer wieder einen Eindruck nicht vermeiden können: Eigentlich sind die Hauptberuflichen und Priester zuständig und nicht die Gemeinde vor Ort.

Wäre sie es und würde sie dazu herausgefordert, würde schnell deutlich werden, mit wie viel Klarheit Menschen für fähig gehalten werden, bestimmte Aufgaben zu tun und andere nicht. Würde es nicht darum gehen, nur »den Laden am Laufen zu halten«, sondern als Gemeinschaft vital nach den Charismen und Aufgaben zu suchen und sie gemeinsam zu verantworten, dann würde ein Kirchenbild des selbstverantworteten Volk Gottes ins Licht rücken.

Dienste im Gottesvolk neu denken

Und so kehren wir zu uns und zu unserer klerikal geprägten Praxis zurück. Immer noch und öfter, als man denkt, sind Dienste wie der der Lektorin oder der Akolythin, des Wortgottesdienstleiters oder Beerdigungsleiters sowie der Katechetin abhängig vom Bedarf der Hauptberuflichen und ihrer Auswahl.

So haben wir zwar eine große Zahl an liturgischen Diensten, aber die Grundfrage ist, ob wir – zusammen mit der Entwicklung lokaler Selbstverantwortung – hier schon auf dem Weg sind, der sich von einem klerikal geprägten Kirchenbild verabschiedet.

Von daher ist noch einmal neu auf die Entscheidung des Vatikans zu blicken und auf die geschichtliche Entwicklungslinie von Lektorat und Akolythat. In einer alten – klerikalen – Logik gehörten solche Dienste zuerst zu den »niederen Weihen«, waren also ein Hinweis zur Priesterweihe. In einem nächsten Schritt wurden dann diese Dienste für »Laien« eröffnet, aber eben, mit den Denkmustern klerikaler Herkünftigkeit, für Männer. Man sieht deutlich, dass hier Grenzen liegen, die nun auch im Kirchenrecht anders geordnet sind. Zu fragen ist allerdings, was »Lektorat« und »Akolythat« exakt bedeuten sollen.

Das scheint umgekehrt im deutschen Sprachraum geklärt: Lektorinnen und Kommunionhelfer, Kantorinnen und Wortgottesleiter gestalten die Lesungen, teilen die Kommunion aus und werden dann, wenn es gebraucht wird, auch Leiter von Wortgottesfeiern. Sie werden auch dann zu Hilfe gezogen, wenn es an Priestern oder Diakonen mangelt. Es gibt gute Ausbildungsprozesse, aber zuweilen keine Gesamtvision für diese Thematik.

Vonseiten der Gemeinden ist die Logik weiterhin gebrochen klerikal. Das zeigt sich nirgends so deutlich wie in der Frage, ob diese Dienste »aus der Gemeinde« oder »im Altarraum« zu verorten sind, ob es Beauftragungen für diese Dienste braucht oder eine Ausbildung. Zu fragen ist auch, wie sich solche Charismen und Kompetenzen zeigen und wie eine Gemeinde diese Begabungen erkennt und fördert.

So ist zwar einerseits klar, dass solche Dienste zur Selbstverständlichkeit der gewachsenen Kirchengemeinden gehören, aber weniger sicher ist, ob und welches Kirchenbild im Hintergrund wirkt.

Es wird hier deutlich, dass diese Dienste im Kontext einer nichtklerikal geprägten Kirche neu gedacht werden müssen.

Ein harmloses Vorwort?

Hier genau gilt es weiter zu fragen. Auslöser meiner Fragen ist ein Vorwort in einem kleinen italienischen Buch – es stammt von Papst Franziskus. Die Perspektiven seines Vorworts verweisen auf eine Kirche, die die sklerotische Dialektik des Oben-Unten, Klerus-Laien überwinden will und offensichtlich aus einer anderen Perspektive schaut. Von dort aus möchte ich gerne mit dem Autor des Buches, Fabio Fabene, einen Horizont der Dienste erschließen, der, so würde ich behaupten, auch die Frage nach einer lokalen Ordination neu in den Blick rücken kann.

Der Titel des bisher nur auf Italienisch erschienenen Buches von Fabio Fabene lautet *Sinfonia di ministeri* (zu Deutsch: *Sinfonie der Dienste*) und möchte eine »erneuerte Präsenz der Laien in der Kirche« in den Blick nehmen.

Im Vorwort von Papst Franziskus lese ich: »Der Geist ist immer aktiv im Volk Gottes und bereichert es mit immer neuen Gaben – und wir müssen darauf achten, ihn nicht auszulöschen (vgl. 1 Thess 5,19) und ihn nicht traurig zu machen (vgl. Eph 4,30). Das machen wir leider immer wieder dann, wenn wir uns nicht seiner schöpferischen Fantasie anvertrauen, sondern sein Handeln auf unsere Muster begrenzen wollen, ohne Platz zu lassen für den Primat der Gnade. So riskieren wir selbstreferentiell zu werden. Das Zweite Vatikanische Konzil, mit der Konstitution »Lumen Gentium«, ist das Konzil des Volkes Gottes, eines Volkes, das in der Geschichte seinen Weg geht, angetrieben durch die pfingstliche Geistkraft. Dieses Volk ist immer wieder erfüllt und bereichert durch Dienste und Charismen und verwurzelt im Glaubenssinn, der das Gottesvolk unfehlbar sein lässt in Dingen des Glaubens. Die gnadenhafte Wirklichkeit muss uns immer gegenwärtig sein in unserem pastoralen Handeln. Denn so können wir den Klerikalismus überwinden« (6f).

In seinem Vorwort drängt der Papst auf ein Weitergehen und Weiterentwickeln einer Logik der Dienste, die einerseits nicht in Abhängigkeit und Relation zum Dienst des sakramental geweihten Priesters stehen und andererseits die gemeinsame Sendung des ganzen Gottesvolkes für Kirche und Welt bezeugen. Wenn der Papst – in der Linie von »Evangelii Gaudium« – unterstreicht, dass die Dienste nicht auf wenige zu beschränken sind, dann hat er genau jenes neue Bild im Blick: denn das Risiko bestände immer darin, dass die Dienste in der Kirche und für die Welt doch wieder als Dienste Einzelner verstanden würden, die für andere etwas tun und so klerikale Versorgerinnen und Versorger werden könnten.

Es reicht also nicht, eine bisherige hierarchisch-klerikale Kirchengestalt mit neuen Ämtern und Diensten (und anderen Zulassungsbedingungen) anzureichern, sondern von einem anderen Kirchenbild zu denken und so Dienste und Ämter neu zu denken – und neu zu erfinden.

Aus den gewohnten Denkmustern ausbrechen: die Dienste neu gestalten

Genau das versucht Fabio Fabene, wenn er über Lektorat und Akolythat nachdenkt. Mich hat das sehr überrascht und ins Grübeln gebracht. Zunächst und vor allem reflektiert Fabene die Verschiebungen im Kirchenverständnis, wie sie – auf dem Horizont des Pontifikats von Papst Franziskus – sich in den verschiedenen kirchlichen Dokumenten der Jugendsynode, der Amazonas-Synode und dem päpstlichen Programmschreiben »Evangelii Gaudium« zeigen. Fabene erweist sich hier natürlich als Theologe, der die (lehramtlich-franziskanische) Relecture des II. Vatikanischen Konzils ins Licht rücken will.

Hier wird deutlich, dass der Ausgangspunkt ein Kirchenbild ist (oder zumindest sein will), das vom Volk Gottes her denken will. Dem folge ich gerne.

Wenn Fabene gerade im Blick auf die Amazonas-Synode betont, dass eines der Leitworte der Synode die Frage nach den »Diensten« (»ministeri«) und es bei der Synode um den »Dienstcharakter« (»ministerialità«) der Kirche gegangen sei, so wird hier ein erster Marker einer neuen Fokussierung kirchlichen Selbstverständnisses deutlich. Es orientiert sich nicht mehr an einem Kirchenbild, das sie als in sich selbst stehende und um sich kreisende Wirklichkeit vereinsartig orientierter Gemeinschaft des Glaubens versteht, sondern um eine sendungsorientierte Communio im Dienst der Verkündigung des Evangeliums.

Das ist, so wird deutlich, eng verknüpft mit einer letztlich klerikalistischen Kirche: Hier geht es im Binnenbereich darum, dem Leitungsamt, das »oben« steht, möglichst nahe zu kommen. Und umgekehrt werden in einer solchen Oben-Unten-Gestalt der Kirche Dienste und Aufgaben abgeleitet vom amtlich-sakramentalen Dienst.

Auf diesem Hintergrund ist der Blickwechsel wichtig, der im Abschlussdokument der Synodenväter durchscheint: »Die Kirche in Amazonien muss darauf dringen, dass Männern und Frauen gleichermaßen Dienstämter übertragen werden. Das ortskirchliche Netzwerk wird auch in Amazonien durch die kleinen missionarischen kirchlichen Gemeinschaften getragen, die einander im Glauben stärken, gemeinsam auf das Wort Gottes hören und in nächster Nähe zum Leben der Menschen Gottesdienst feiern. Dies ist die Kirche der getauften Frauen und Männer, die wir vor allem im Bewusstsein der in der Taufe empfangenen Würde, aber auch durch Förderung von Dienstämtern bestärken müssen« (Abschlussdokument der Amazonas-Synode 95).

Dahinter steckt die Perspektive einer Kirche, die sich aus der reichen Kraft der Charismen gestaltet, die allen Getauften zukommt. Die geistvolle Gründungsperspektive der Kirche, wie sie im Zweiten Vatikanischen Konzil neu entdeckt wurde, wird hier neu in den Mittelpunkt gerückt.

Und dann allerdings braucht es Aufräumarbeiten im theologisch gegründeten Verstehen der Kirche. Auch der Begriff des »Laien«, den Fabene gerne noch verwendet, wirkt merkwürdig überaltert und überkommen. Gemeint ist nichts anderes, als dass jeder und jede im Volk Gottes eine Gabe und eine Sendung hat – und dies das Nachdenken über Ämter und Dienste nachhaltig betrifft. Zuerst und vor allem ist es das Volk Gottes als Sendungsgemeinschaft des Evangeliums, der alle Kraft und Gnade für diese Sendung durch den Geist geschenkt ist.

In der Logik dieses Nachdenkens liegt dann aber auch, dass – wie in der Amazonas-Synode unterstrichen wurde – nicht zuerst vom Mangel an Priestern und ordinierten Diakonen ausgegangen werden darf. Die Logik muss umgekehrt sein: Weil Kirche vor Ort aus der Leidenschaft der getauften Frauen und Männern besteht, geht es darum, die Gaben und Charismen in den Dienst des Aufbaus und der Vitalität der Kirche zu nehmen.

Fabene ist in seiner Relecture der Dokumente des Papstes anzumerken, wie sehr die doch eigentlich angezielte Ekklesiologie des Volkes Gottes noch im langen Schatten eines stark vom sakramentalen Amt dominierten und geprägten Kirchenbildes steht. Man merkt die Angst und Sorge, dass die zweifellos wichtige sakramental-priesterliche Grundaufgabe untergeht – und gleichzeitig wagt er schon neue Aufbrüche im Denken.

Ist es wirklich nur dann möglich, dass Frauen und Männer auf dem Grund ihrer Taufe gemeindeleitende Funktionen übernehmen? Oder gehört es zur Zukunft einer synodalen und von Charismen geprägten Kirche, hier gerade auch in der kleinen Zahl der Priester eine notwendige Korrektur des Geistes zu sehen, das Dienstamt noch deutlicher zu konturieren als einen Dienst im und am Volk Gottes? Und würde das nicht auch Horizonte für eine Neufassung des Ordinationsverständnisses ermöglichen? Wir werden es hier an anderer Stelle noch deutlicher versuchen.

Umgekehrt: Es stimmt, dass in einem hierarchisch-klerikalen Kirchenbild auch die Dienste und Ämter, die den sogenannten Laien zugeordnet werden, natürlich von der Nähe zur Ordination geprägt sind und letztlich zu Macht- und Einflussfragen verkommen.

Wenn sich Papst Franziskus – und mit ihm Fabene – gegen eine Klerikalisierung von »Laien« wendet, dann wird deutlich, dass dies mit einer Ambivalenz der eigenen Kirchenbilder zusammenhängt. Wo unsere Kirche zu lange das Bild einer Kirche von Klerikern und Laien gepflegt hat, ist dies die Konsequenz. Zu lange ging es um Macht, um Höherstellung und Dominanz, als dass es jetzt verwunderlich wäre, dass zum einen »alle Berufenen« auch diese Positionen und »Stände« erwerben wollen. Im Letzten beklagt sich hier die lehramtliche Theologie über sich selbst.

Wenn man jedoch konsequent ein Kirchenverständnis durchdenkt, das von den Gaben aller Getauften ausgeht, dann wird das sakramentale Dienstamt begründungspflichtig: Was fehlt, wenn es fehlt? Wozu braucht man diesen speziellen Dienst? Es reicht nicht, Dokumente zu zitieren, es reicht nicht, auf das Kirchenrecht zu verweisen. Es reicht auch nicht, den ohnehin vorhandenen Priestermangel zu bedauern, sondern es braucht einen neuen Ansatz. Dieser verbirgt sich aber recht erfolgreich hinter den ersten Ansätzen einer charismatischen Ekklesiologie, und es wird sichtbar, dass auch hier noch Bilder fehlen.

Konkrete Weiterentwicklungen über den Status quo hinaus

Neben diesen eher kritischen Anmerkungen zur schillernden Grundarchitektur der Kirchenbilder zwischen gestern und morgen, wie sie hier Fabene (im Gefolge von Papst Franziskus) reflektiert, hat mich allerdings sein Nachdenken über die Dienste und Aufgaben von Lektoren, Akolythinnen und Gemeindeleitern nachdrücklich überrascht. Und ich habe erneut lernen dürfen, dass die Verwendung derselben Worte noch nicht dasselbe heißen muss.

Das wird deutlich, wenn Fabene über diese Dienste nachdenkt. Denn dann wird der Neuansatz deutlich, der eben – gut versteckt – hinter einer charismatisch verfassten Ekklesiologie steht.

Natürlich sind Lektorinnen und Lektoren jene, die in Gottesdiensten den Dienst am Wort tun, als Kantorinnen und Kantoren wirken, die Fürbitten für das Volk sprechen. Aber das ist für Fabene nur Ausdrucksgestalt einer Grundverantwortung, die in diesem – auch, aber eben nicht nur – liturgischen Dienst steckt: »Ihm/ ihr könnte die Aufgabe anvertraut sein, all jene Aufgaben wahrzunehmen, die zum Dienst am Wort innerlich gehören, im besonderen Blick auf die Katechese, im Blick auf die Vorbereitung der Katechetinnen und Katecheten, auf die Gestaltung der Katechese für alle Altersgruppen in der Pfarrei. Hier läge die Verantwortung für das Lesen der Schrift in der Gemeinde und für die katholischen Schulen und ihre Verbindung zur Pfarrei. Das setzt eine Spiritualität des Hörens des Wortes und der Meditation des Gotteswortes voraus, auf dass Lektorinnen und Lektoren eine tiefe Verbundenheit mit der Heiligen Schrift bekommen. Während ihrer Ausbildung ginge es um die vertiefte Kenntnis der Schrift« (Fabene, 84f.).

So abstrakt und weiterhin ambivalent Fabene sich hier ausdrückt: Es geht hier nicht zuerst ums »Vorlesen« und »Verkünden«, sondern um einen Leitungsdienst in der Kirche vor Ort, der wesentlich Verantwortung übernimmt für eine Prägung der Gemeinschaft aus dem Wort Gottes.

Eine solche Gestaltung des Lektorinnen- und Lektorendienstes macht deutlich, dass die Leitung der Gemeinde für die Zukunft nicht durch eine Person erfolgt, sondern durch eine Reihe von charismatisch begabten und von der Gemeinde ausgewählten, ausgebildeten und beauftragten Personen. Damit wird deutlich, dass hier ein anderes Zukunftsbild aufscheint, auf das hin zu arbeiten sich lohnt: Leitungsdienst nach unterschiedlichen Charismen und glaubhafter Bewährung zu entwickeln, Ausbildungsprozesse ebenso wie verbindliche Beauftragungen zu gestalten.

Der Lektorinnen- und Lektorendienst ist ja nur ein Aspekt, der sich auch liturgisch ausdrückt. Das gilt – so Fabene – auch für Akolythinnen und Akolythen, die dann eben nicht nur die Aufgabe hätten, die Kommunion auszuteilen oder eucharistische Anbetungen zu gestalten, sondern Verantwortung übernähmen für die katechumenale Einführung und eucharistische Katechese in einer Gemeinde (vgl. Fabene ebd. 86).

Darüber hinaus ergeben sich aus dieser Logik weitere Dienste. Immer sind es Gaben und Charismen, aber eben auch konkrete Bedarfe im Bereich der Katechese, der Familien, der Caritas und der Jugend, der Umwelt und anderer Herausforderungen. Und Fabene kann sich an dieser Stelle auch die Gabe des Leitens in Gemeinden vor Ort vorstellen.

Es wird deutlich, dass es dazu längerer bewusstseinsbildender Wege braucht. Das gilt ja für die Kirche insgesamt. Die jahrhundertelange Prägung durch eine machtvoll-hierarchische und ständebewusste klerikale Ordnung braucht eine lange Umprägung. Zweifellos wird diese Umprägung unterstützt durch den Druck, der auf das alte Kirchenbild durch die geringe Zahl zukünftiger Kleriker und ihrer Eignung ausgeübt wird.

Wenn allerdings die Perspektive von verantwortlichen Leitungsaufgaben für begabte Christinnen und Christen als Ersatz gesehen wird, dann wird die Grundidee einer anderen Perspektive auf die Kirche von Grund auf desavouiert.

Der Ansatz, die Dienste wie Lektorin oder Lektor, Akolythin oder Akolyth und anderer Aufgaben aus einer echten gabenorientierten Kirchenvision zu gestalten und hier Leitungsaufgaben für eine Gemeinde vor Ort zu sehen, ist nur dann beeindruckend, wenn diese Revolution im Blick auf die ordinierten Ämtern hier konsequent durchdacht und gestaltet wird.

Dann liegt in diesem Ansatz ein Weg hinaus in die Freiheit einer nichtklerikalen Kirche.

Raus aus den blockierenden Sackgassen – Auf dem Weg zu einer neuen Freiheit zum ordinierten Amt

Die Blockaden sind lähmend und machen mürbe. Über den sakramentalen Dienst kann man offensichtlich nur noch dialektisch, polemisch und theologisch unzureichend nachdenken und diskutieren. Um hier einen Ausweg zu finden, bedarf es erst einmal einer schonungsfreien Analyse, damit Fragen im Hinblick auf den sakramentalen Dienst neu gestellt werden können. Das möchte ich – durchaus biografisch – gerne tun.

Lokale Kirchenentwicklung: Kirche ohne Priester?

Ich staune überrascht! Mir erzählt der Regens des Bistums, dass fast alle Seminaristen und jungen Priester verunsichert sind. Und warum? Weil wir pastoral ohne Priester planen würden ... Weil die Prozesse Lokaler Kirchenentwicklung letztlich auf eine Abschaffung des Weihesakramentes hinausliefen ... Stimmt das tatsächlich?

Ich erinnere mich an einen Seminaristen, der schon vor zehn Jahren das Bistum wechselte, weil seiner Meinung nach in einem anderen Bistum die Identität des Priesters besser bewahrt bliebe. Es sagte viel über die Persönlichkeit des Seminaristen aus und die Einprägung von bestimmten amtstheologischen Bildern, die in einem Priesterseminar kontrafaktisch zum Anliegen der Ausbilder gelingen kann – und wenig über die eigentliche Frage, die im Hintergrund steht.

Zweifellos habe ich bei meinen weltkirchlichen Erfahrungen, die im Hintergrund der Ideen zur Lokalen Kirchenentwicklung stehen, nie wahrgenommen, dass es um eine priesterlose Kirche ginge. Ganz im Gegenteil. Es hing und hängt immer wesentlich an Priestern und Bischöfen, ob es eine – vom Konzil angezielte! – Entwicklung der Kirche geben kann, die eine Umkehrung eines klerikalen Kirchenbewusstseins auf den Weg bringt.

Denn von selbst reproduziert das Volk Gottes tendenziell jene Bilder, die ihm eingeprägt wurden. Leider könnte sich das weiter – auch in Gegenabhängigkeiten – fortschreiben: in der Spannung von Ehrenamtlichkeit, Aufbegehren, Zorn und Wut, Müdigkeit und Überforderung.

So haben es mir landauf, landab alle erzählt: Bischof Michael Wüstenberg in Südafrika, der Pallotiner Thomas Vijay in Indien und die Freunde vom philippinischen Pastoralinstitut Bukal Ng Tipan. Sie waren es auch, die mir erzählt haben, dass sie nur dann solche Prozesse unterstützen, wenn ein ganzes Presbyterium samt Bischof sich entschieden hat, einen solchen Weg zu gehen.

Das gilt auch für unser Bistum. Ein Prozess Lokaler Kirchenentwicklung kann nur dann gelingen, wenn Verantwortliche – Priester mit ihren Teams – mit einer Vision auf den Weg mit den ihnen anvertrauten Christen gehen. Das kann dann dazu führen, dass sich mit den Gaben und Charismen der Christinnen und Christen Kirche dort entfalten, entwickeln oder neu werden kann, wo sie leben: in Gemeinden, neuen Aufbrüchen, Initiativen oder auch an ganz anderen Orten.

Und natürlich – so ist leicht zu bemerken – ist das ein langwieriger Prozess: Es fehlt an Erfahrungen und inneren Bildern für eine Zukunft der Kirche, die nicht so ist wie eine (nur noch in Bildern erinnerbare) Fortführung einer Vergangenheit, die zweifellos mit einem langen Schatten des Klerikalismus verknüpft ist. Natürlich würde niemand in unserer sich aufgeklärt und zeitgenössisch wähnenden Kirche gerne wahrnehmen, wie stark wir noch an vorkonziliare Ekklesiologie gebunden sind. Aber genauso verhält es sich: eine Pastoral, die versorgt, aber selten befähigt, eine Pastoral, die Dienstleistung ohne Jüngerschaft durchführt. Eine solche Macher- und Angebotskirche ist nichts anderes als die Fortschreibung einer klerikalen Perspektive. Man kann dann leicht zu der Überzeugung gelangen, dass ohne Priester keine Kirche existiert und ohne pastorale Mitarbeiterinnen und Mitarbeiter Kirche unmöglich wird.

Das zeigt sich als ungeheure Heraus- und Überforderung in Zeiten, in denen riesige oder mehrere Pfarreien einem Pfarrer und seinem Team anvertraut sind: auf dem Hintergrund der pseudohomogenen Retrovisionen von Gemeinden, auf dem Hintergrund einer immer noch vorhandenen Rede von einer Pastoral der Präsenz (und mit Präsenz ist hier der Priester im örtlichen Pfarrhaus gemeint) und auf dem Hintergrund, dass Ehrenamtliche – so wird vermutet – jetzt das tun sollen, was früher Hauptberufliche getan haben.

Aber die Herausforderung liegt im gemeinsam geteilten Bild: Wenn es jetzt nicht mehr die Hauptberuflichen und Priester machen, dann sind wir dran ... Und umgekehrt gilt: Für viele Priester gibt es kein anderes inneres Bild als die Rolle des »Letztverantwortlichen«, die als Machtposition verstanden wird – eine Macht, die sich auch seelsorgerlich und sakramental zeigen will.

Hinzu kommt ein weiterer Eindruck, der aus dieser Bilderwelt stammt. Priester werden dann zu Managern, wenn sie ihre Rolle so interpretieren, obwohl sie doch Seelsorger sein wollten. Das war eine interessante Feststellung, als ich einmal mit Seminaristen ein Gabenseminar machte: Bei keinem von ihnen zeigte sich das Charisma der Leitung.

So wurde deutlich, dass hier eine Vielfalt von Faktoren zusammenkommen. Einerseits versinkt eine alte Sinfonie klarer Aufgaben und Zuschreibungen, auch wenn sie kontrafaktisch eingeklagt werden. Zum anderen stellt sich die ernsthafte Frage, wie denn die (sakramental verfasste) Zuschreibung von Leitungsaufgaben zu verstehen ist, wenn es nicht darum gehen sollte, Management und Organisation »können« zu müssen? Und vor allem angesichts einer angestrebten Kirchenwirklichkeit, in der lokale Teams Leitungsaufgaben wahrnehmen und in Zukunft das Wort Gottes ins Zentrum gerückt wird. Wie wird sich das auf die sakramentale Verfasstheit der Kirche und des Priestertums auswirken?

Was also zeigt sich in der Sorge der Seminaristen und Kapläne? Sie nehmen deutlich wahr, dass wir vor einem fundamentalen Wandel stehen. Es geht aber hierbei nicht nur einfach darum, ob Priester gebraucht werden, sondern wie der ordinierte sakramentale Dienst in einer Kirche des Volkes Gottes verstanden wird. Die Krise ist also offensichtlich: Es geht nicht nur nicht weiter in Zeiten der Mangelverwaltung, sondern – und das ist die theologische Pointe – das Fehlen der Priester führt zu einer Umkehr und einer umfassenden Relecture des priesterlichen Dienstes in einer Kirche der Charismen und Gaben.

Und nein, es geht eben nicht um eine andere Kirche! Umgekehrt! Sie wird in der Perspektive aller Geistbegabten und der unbedingten Gleichwürdigkeit aller Getauften erst eigentlich sakramental. Und auch nein: Es geht nicht darum, keinen ordinierten Dienst zu haben, sondern ihn aus der Tradition und seinem Ursprung neu zu verstehen.

Dann lässt sich die Sorge gut verstehen: Wenn sich Kirche als Volk Gottes neu konfiguriert, dann wird dies eben auch jene treffen und verwandeln, die den ordinierten Dienst in dieser Kirche als Berufung spüren und wahrnehmen. Und während es in einer Kirche der klaren Stände zumindest denkbar war, dass unabhängig von den Entwicklungen der Kirche Priester ausgebildet und gesandt und eingesetzt werden können, weil die Rolle klar sein müsste, so zeigt sich hier deutlich, dass dies nicht so ist. Die Entwicklung der Kirche, die der Geist durch die Zeichen der Zeit vorantreibt, die Entwicklung des Volkes inmitten der Abbrüche einer klassischen Konstellation, die die inneren Bilder und Gewohnheiten beherrscht, verlangt nach einer neuen Vergewisserung des sakramentalen Leitungsdienstes.

Warum mit der Weihe keine Leitungskompetenz verliehen wird

Ich kann es nicht glauben. Ich sitze in einer Onlinetagung der Akademie Schwerte. Gerade habe ich kluge Vorträge über fehlende Führungsqualitäten, vor allem auch der Priester, gehört. Ich habe gehört, wie ein Generalvikar biografisch deutlich machen kann, dass in seiner Ausbildung wesentliche Managementskills nicht beinhaltet waren.

Und das wäre ja nötig ... Wirklich ärgern tut mich das nicht, aber für richtig halte ich es auch nicht. Wenn dann theologisch auch –

unwidersprochen – gesagt werden kann, dass Priester schließlich die Vermittler des Heiligen sind, dann werde ich auch ärgerlich, ja, fast zornig. Warum? Weil offensichtlich mit einer sehr schwachen, nein, mit einer falschen Theologie des sakramentalen Amtes argumentiert wird.

Umgekehrt behauptet niemand ernsthaft, dass der Priester der Vermittler des Heiligen ist. Wäre das so, stünden wir im Alten Testament (nicht umsonst hatte der Referent auf Johannes den Täufer verwiesen). Das wäre ein Rückfall. Dass in der Tat eine solche vorchristliche Perspektive zu einer »standesorientierten Kirche« und einer klerikalistischen Machtperspektive passt, die letztlich alle Handlungsmacht auf die Priester lenkt, denn die seien geweiht, liegt leider nahe. Und leider ist auch zu vermuten, dass Anteile eines solchen – theologisch nicht begründbaren – Priesterverständnisses im kollektiven Bewusstsein vieler Gläubigen und sogar Theologinnen wie Theologen vorhanden sind. Es würde nicht verwundern, wenn hier dann auch ein deutlicher Widerwille gegen ein solches Verständnis des ordinierten Amtes vorläge – es spricht für den Sensus fidelium des Gottesvolkes.

Und das ist nicht wenig tragisch, denn dann würde sich die Ablehnung mit Recht gegen ein falsches Verständnis wenden. Gleichzeitig würde kein Raum für eine exzellente Theologie des sakramentalen Dienstes bleiben, weil diese von vornherein in falschen Bildhorizonten situiert wird.

Genau das hat mich in der Linie der Diskussion noch mehr geärgert. Die möglichen Missverständnisse sind gewachsen. Wenn dies auch nicht beabsichtigt war: Sollte dem Priester qua sakramentaler Weihe tatsächlich Leitungs- und Organisationsverantwortung zugeschrieben werden (beim Bischof, beim Generalvikar, beim Pfarrer), dann ergäben sich zwei Konsequenzen. Auf der einen Seite würde das zur absurden (und in keiner Weise theologisch begründbaren) Annahme führen, dass solche Kompetenzen mit der Weihe und ihrer Gnade verbunden sind. Auf der anderen Seite müsste umgekehrt klar sein, dass nur dann geweihte Männer ihre ureigene Verantwortung als Leitende wahrnehmen können, wenn sie als Persönlichkeiten solche Kompetenzen hätten oder erwerben könnten. Dann wäre – auch angesichts der Größe der Verantwortungen in Bistümern, Generalvikariaten und Megapfarreien – in der Tat der Priester ein geweihter Manager mit entsprechenden Aufgaben.

Und das stimmt nicht. Es macht deutlich, dass die Theologie sakramentaler Leitung unterkomplex vermischt wird mit der Begrifflichkeit des Leitens im Sinne von Management und unternehmerischen Führens.

So wahr es ist, dass es dringend solchen Leitens und Führens bedarf, so wahr ist es auch, dass dies nicht der Grund und Sinn des sakramentalen Leitens und Führens ist. Wäre wirklich ernsthaft die Berufung und Bestellung von sakramental Ordinierten gleichzusetzen mit der Bestellung berufener Leitender und Führender? Wozu bräuchte man dann eine Ordination, eine sakramentale Weihe?

Dann läge der Verdacht nahe und richtig, als würde hier eine exklusive Machtposition an Männer abgegeben, die gleichzeitig als Ehelose und sakramental Bevollmächtigte alle Macht auf sich bündeln – im schlimmsten Fall als inkompetente Letztverantwortliche.

Ein wenig schien das in der durchaus stringenten Argumentationsstruktur durch: Es wirkt letztlich superklerikal, wenn Kleriker (und später Klerikerinnen) auch Topkompetenzen in Leitung und Führung haben müssten, die nicht durch die Weihe verliehen, aber erworben werden müssen, weil … ja, weil angenommen wird, dass die Leitung eines Bistums, eines Generalvikariates oder einer Pfarrei kirchenrechtlich einer geweihten Person zusteht.

Die Argumentation ist dann schlüssig, wenn man Leitung und Führung nicht unterscheidet in ihren soziologischen und theologischen Argumentationsmustern. Dann vermischt man leicht die unterschiedlichen Bedeutungshorizonte. Und sie ist schlüssig, wenn man tatsächlich meint, dass der theologische Grund für die klerikale-ordinierte Leitung eines Bistums in solchen Kompetenzen besteht, die doch in keiner Person vorliegen. Wenn man diese Kombination für normativ erachtet, entsteht letztlich hier ein Superklerikalismus, der alle Macht in einer Person bündelt. Das aber kann nicht ernsthaft gedacht werden – und das ist, so meine These, theologisch auch nicht begründbar.

Seelsorge versus Management oder: Von falschen Alternativen

»Bilden Sie unsere Söhne zu Managern aus?«, fragten Eltern kritisch, als ich als Regens alle Eltern eingeladen hatte. »Nein«, erwiderte ich. Aber natürlich reicht das als Antwort nicht aus – und ist auch keine Alternative zu jenem mehr verschleiernden als öffnenden Gegenbegriff: »Ich will eigentlich Seelsorger oder Seelsorgerin sein.« Auch das ist nicht hilfreich, denn damit ist ein zuweilen klerikalistisches Missverständnis gegeben. Die Fähigkeit und die Kompetenz zur Seelsorge ist keine, die mit der Weihe gegeben ist – oder professionelle Kompetenz, auch wenn jeder und jede Hauptberufliche und jeder Priester gut daran tut, mit professionellen Kompetenzen sein seelsorgerliches Handeln anzureichern. Oft wird nämlich unter Seelsorge die Leidenschaft verstanden, mit Menschen im geistlich-seelsorgerlichen Umgang zu sein.

Aber genau das, so eine weitere These, ist nicht an eine Weihe oder an eine Profession gebunden, sondern Ausdruck des Lebenszeugnisses aus dem Evangelium und den daraus erwachsenen seelsorgerlichen Charismen.

Es zeigt sich hier also wieder einmal eine falsche Alternative. Mit falschen Bildern, die gegeneinandergestellt werden, gelangt man nicht zu einem richtigen Verstehen, sondern steckt in blockierenden Sackgassen fest. Um ein Bild zu gebrauchen: Man kann nicht wählen zwischen Ski- oder Schlittenfahren, wenn man auf einer blühenden Wiese steht.

Seelsorge im ureigenen Sinn des wechselseitigen Dienstes gründet in der eigenen Nachfolgegeschichte, in der Taufe. Sie ist so Teil der eigenen Taufwürde und entsprechender menschlicher Reife und geistvoll geprägter Persönlichkeit. Dies hat ursprünglich weder mit pastoralen Berufen noch mit der Weihe zu tun.

Das Missverständnis beginnt dann, wenn die Rede von »Seelsorge« verknüpft wird mit der kirchenrechtlichen Rede der »cura pastoralis« oder der »cura animarum«, die mit Auftrag und Ordination verbunden ist. Dieses Missverständnis führte dazu, dass der Begriff der Seelsorge dem Priester vorbehalten wurde. Fälschlicherweise wurde auch hier nicht genau hingeschaut und wieder zu wenig differenziert gedacht. Das kommt und kam – gerade weil von bischöflicher Seite – einem Machtmissbrauch gleich: Plötzlich wird hier ein kirchenrechtlicher Begriff unscharf verwendet und zugleich exklusiviert. Mit Recht wäre der Aufschrei groß, würde man weiterhin nicht die theologische Grundintention des Kirchenrechts wahrnehmen – sondern einfach weiter verhindern, dass Getaufte sich als Seelsorgerin oder Seelsorger bezeichnen. Der Klerikalismus würde aber in Professionalismus mutieren, wenn dann – in Gegenabhängigkeit zu klerikalen Mustern – es eigentlich nur Hauptberuflichen zuständе, Seelsorger oder Seelsorgerin zu sein.

Und dabei könnte man wissen: Wenn das Kirchenrecht über »plena cura pastoralis« spricht, meint es nichts von dem, was in der Regel in der Umgangssprache die Seelsorge und Heilssorge der Getauften aus den ihnen eigenen Charismen meint. Hier geht es um die »sakramentale Seelsorge«, auf die jede und jeder Getaufte sogar Anspruch hat.

Was bedeutet das? Sakramentale Seelsorge gründet sicher auch auf eine authentische Taufexistenz, aber meint vor allem jenes Handeln, in dem und durch das Christus selbst handelt: in der Verkündigung, in der Feier der Geheimnisse der Eucharistie und Versöhnung. Und das bedeutet, in einer Weise zu leiten, in der spürbar werden will, dass es Christus selbst ist, der sich schenkt. Doch das ist schon ein Ausblick auf den konstruktiven Ansatz zu einem Neuverstehen der sakramentalen Weihe.

Priesterinnen 2.0

Ich distanziere mich. Ich muss mich distanzieren. Mit dem Diözesanrat stehen wir mitten in der Fußgängerzone und sind eingeladen, an einer Demonstration von Maria 2.0 teilzunehmen. Sie startet in der Fußgängerzone. Aber sie startet mit einem schier unerträglichen Verbalradikalismus, populistischen Vereinfachungen und schweren Vorwürfen und Herabwürdigungen. Ist das normal? Ist es einfach eine Reaktion auf den Schmerz, den so viele Frauen (und Männer) erleiden? Ist das einfach politisch-medialer Usus im 21. Jahrhundert? Desavouiert das diejenigen, die unter klerikaler Übermächtigkeit und Weiße-Männer-Exklusivität leiden, wenn sie nun selbst so machtvolle Unworte verwenden? Ich bin ein wenig verwirrt. Wollen sie Dialog oder einfach nur totalitären Wortkampf?

Rechtfertigen Traumata und Verletzungen all dies? Und geht es um die Denunziation von Macht um der eigenen Machtansprüche willen? Ich sehe nicht mehr klar und bin auch ein wenig beschämt über Glaubensgeschwister, die dann umgedichtete neue geistliche Lieder der Siebzigerjahre anstimmen und sich auf den Weg machen, dem Bischof ihre Absichten und Wünsche zu übergeben.

Ich bin auch dabei – und traue meinen Augen nicht. Da sind vor dem Bischof, der sie alle auf dem Vorplatz seines Hauses empfängt, plötzlich lauter Lämmer aus den Löwen geworden. Der Unterschied, den der Bischof nicht wahrnehmen kann, weil er nicht in der Fußgängerzone war, ist derart eklatant, dass ich nun leider nicht anders kann, als mir die Glaubwürdigkeitsfrage zu stellen. Sind das wirklich dieselben, die hier so sanft sind und sich fünfhundert Meter entfernt ganz anders verhalten haben? Ist das authentisch? Nein, natürlich nicht.

Und so finde ich mich auch hier im typischen Spiegelkabinett spätklerikaler Kirchenverhältnisse. Und halte das kaum noch aus. Denn es kann ja sein, dass Menschen durch ihre Erfahrungen in und mit jener Kirchengestalt, die weiterhin prägend ist, traumatisiert wurden und bleibend verletzt sind. Aber dann handeln dieselben Personen so, wie sie es anderen vorwerfen, und erweisen sich zugleich als hierarchieabhängig, als wollten sie unbedingt »Vater Bischof« zu wohlwollenden Sätzen bewegen. Das wirkt auf mich irritierend und spiegelt sich dann dummerweise in einem folgenloser Verbalradikalismus sich fortschrittlich wähnender Kleriker und Bischöfe.

Da will, da muss ich raus. Das ist kaum erträglich. Mich bewegt dabei sehr, dass Maria 2.0 mit ihren sieben Thesen ja durchaus richtige Punkte formuliert und dennoch im Spiegelkabinett schräger Alternativen und gefangen in für normativ gehaltenen alten Bildern bleibt – zu gerne bleibt.

Das werde ich gerne lernen: Keiner der Argumentationsstränge gegen eine Ordination von Frauen ist in sich schlüssig, sondern eher spekulativ abgründig. Aber gleichzeitig habe ich leider eine Not: Nicht ernsthaft kann man ein mit Systemfehlern so gespicktes Gefüge einfach auf Frauen ausweiten.

Da stellen sich viele Fragen: Sollten Priesteramtskandidatinnen denselben Weg wie Priesteramtskandidaten gehen, dann würden – wie bei den Männern – auch mehr als fünfzig Prozent trotz sich selbst zugesprochener Berufung schon im Erstgespräch nicht weiterkommen und weitere zwanzig Prozent in der Ausbildung aufhören.

Und wie gestaltet man die Frage nach einer bewährten Lebensentscheidung wie Ehe oder Zölibat? Wie wird Berufung und Ausbildung zu verstehen sein? Und ist ernsthaft daran gedacht, die Zukunft des ordinierten Dienstes ähnlich dem Pastorinnen- und Pastorendilemma der evangelischen Kirchen zu gestalten? Mit anderen Worten: Ist hier radikal genug gedacht? Denn leider wird man nicht sagen können, dass die Gleichberechtigung zur Ordination das gemeinsame Priestertum der Gläubigen fördert. Das Gegenteil ist der Fall.

Und das macht noch einmal deutlich, dass es eines grundlegenden Nachdenkens bedarf. Von daher ist es nicht verwunderlich, wenn in Teilen der Maria 2.0-Bewegung die Frage gestellt wird, ob es überhaupt ein sakramentales, ordiniertes Amt braucht. Vielleicht macht die changierende Ambivalenz an dieser Stelle deutlich, dass man mit der Frage nach der Macht und dem gleichberechtigten Zugang zu ihr noch nicht jenes Bild aufgehoben hat, das man doch so kritisiert.

Wäre also die Zulassung von Frauen zu ordinierten Ämtern wirklich schon ein Ziel, wenn sonst alles so bleiben würde wie zuvor? Es muss radikaler gedacht werden.

Die unvermeidlich falsche Machtfrage

Ich tue mich schwer. Wer die Diskussionen auch beim synodalen Weg verfolgt, wer die entsprechenden Internetblasen kirchlicher Missbrauchsdiskussionen liest, der kommt schnell auf die Idee, dass die entscheidende Frage in der Kirche die nach der Macht ist. So schrecklich und abgründig die Erfahrungen des Missbrauchs und des kirchlich-hierarchischen Umgangs damit sind, auch die Diskussion über dieses Thema verwirrt mich nicht wenig, weil hier mit einer hohen Emotionalität ebenfalls Macht ausgeübt wird. Ich befürchte hier eine weitreichende Gegenabhängigkeit, die schon in der Grundkultur des synodalen Weges mitangelegt ist. Natürlich haben Bischöfe Macht. Sie reflektieren die lehramtliche Dimension. Wie sich die Diskussion über weite Strecken abspielt, hat auch das Zentralkomitee der deutschen Katholiken (ZdK) Macht, dessen Legitimation höchst fragwürdig ist: Das ZdK ist sicher eine demokratisch anmutende Organisation. Aber weder die Gewählten aus den Diözesanräten noch die Verbände und schon gar nicht Einzelpersönlichkeiten, die auf interessanten Wegen gewählt werden, können ernsthaft für sich in Anspruch nehmen, dass sie eine echte Repräsentanz des deutschen Katholizismus darstellen. Es sei denn, man würde ein bestimmtes kirchliches Gefüge, das seine Milieuverengung seit den Sinus-Studien deutlich unter Beweis gestellt hat, als exklusives Vertretungsgremium sehen. Und ja, zweifellos fehlt es dieser Vertretungsform an Diversität. Doch wie soll man es deuten, wenn zum Beispiel lediglich sehr wenige Vertreterinnen und Vertreter der muttersprachlichen Gemeinschaften gehört werden, die inzwischen in Metropolen mehr als dreißig Prozent der Katholikinnen und Katholiken stellen? Die Diversität und Integration unterschiedlicher Positionen ist nicht die Stärke dieser machtvollen katholischen Gruppierung.

Entsprechend muten die Diskussionslinien seit mehr als fünfzig Jahren eher wie routinierte Gefechtslinien aus dem Ersten Weltkrieg in Frankreich an. Die Positionen sind klar, die Abwertung des Gegners normal, der Erkenntnisfortschritt minimal – die Fortschritte nicht messbar.

Das ist so ausrechenbar. Und es macht deutlich, dass etwas nicht stimmt. Sind die zugrunde liegenden Denkparadigmen in ihren binären Codierungen möglicherweise ungenügend? Stimmen die Grundannahmen theologisch wie spirituell? Kommt es zu einer Unterscheidung der Geister, die diesen Namen verdient?

Aus diesem Grund muss intensiv über die Machtfrage nachgedacht werden. Nein, ich will sie eben nicht spirituell weich kochen, aber ich mag doch zunächst fragen, wie Macht theologisch korrekt zu bedenken ist – jenseits der verkürzten soziologischen Denkwege und der klerikalistischen Argumentationswege.

Das ist umso nötiger, als offensichtlich das Thema »Macht« theologisch gesprochen kaum eingeholt werden kann durch die offensichtlich zeitgeistige Praxis des Machtgebrauchs.

Und die klerikale Variante ist hier ein kirchlicher Fall menschlicher Grundversuchung, die im Evangelium ausführlich zur Sprache kommt. Spätestens seit Kaiser Konstantin ist diese Versuchung institutionalisiert und legitimiert. Und eigentlich ist es unerträglich, mit welcher Selbstverständlichkeit zeitgeistiger Routine das Evangelium hier gebeugt wurde. Denn von der frohen Botschaft lässt sich eine Standeskirche, die auf einem Machtgefälle von oben nach unten beruht, in keiner Weise begründen.

Dass es dennoch so funktioniert hat, macht deutlich, wie sehr kulturelle Prägungen über Jahrzehnte und Jahrhunderte die Rezeption des Evangeliums von der Allmacht Gottes ermöglichten.

Die Aufdeckung dieses Zusammenhangs ist wichtig. Sie macht deutlich, welchen Fortschritt die heutige Diskussion – als Folge der Rezeptionsgeschichte – darstellt. Vielleicht ist das eine Chance, alte Bilder abzuwerfen und aus dem Ursprung die Frage nach der Macht neu zu stellen. Gewaltenteilung, externe Verantwortlichkeit und Kontrollierbarkeit, Begrenzung von Mandaten – all das gehört dazu, muss aber zuvörderst konfrontiert werden mit den inneren Bildern einer Zukunft, die eben nicht eine Fortschreibung und partizipative Demokratisierung der alten Bilder sein will.

Hinter- und abgründige Kirchenbilder

Denn ganz ehrlich: Nichts ist gewonnen, wenn im Hintergrund scheinbar theologisch gründbare Kirchenerfahrungen normativ und unbewusst weiterwirken. Mich bewegt schon sehr, dass das ganze Gottesvolk, vom Bischof bis zu Menschen, die die Kirchenwirklichkeit ausschließlich von außen beobachten, doch einem ähnlichen Grundmuster folgt.

Die Merkmale dieses Gefüges werden hier – obwohl schon benannt – ein weiteres Mal ins Licht gerückt.

Kirche ist hier vor allem eine institutionell-organisationale Struktur, die ihre Mitglieder versorgen muss. Sie – gemeint sind dann vor allem Hauptberufliche und Kleriker – machen Angebote für Gläubige, damit diese den Gottesdienst besuchen und sich (endlich wieder) durch diese attraktiven Angebote verbindlich in Gemeinden zusammenschließen. Ja, und die Verantwortlichen haben hierarchische Macht – und das hierarchische Bild führt zu einem Oben-Unten-Gefüge. Die Volk-Gottes-Logik verkehrt sich hier in die binäre Logik von Volks- und Amtskirche.

Natürlich setzt dieses Bild eine in den Hirnen funktionierende Volkskirche voraus, und ihr Erhalt unter postmodernen Bedingungen – ein aussichtsloses Unterfangen – wird erhofft durch strukturelle Reformen. Es bleibt aber im Letzten die bestehende volkskirchlich-homogene Logik, die schon lange keine Wirklichkeit ist.

Es braucht keine große Fantasie, dass aus diesen Bildern die derzeitige Lust an der Apokalypse stammt. Die abgründigen Tiefen der Missbrauchskrise machen deutlich, dass die Offenlegung dieser moralischen und rechtlichen Missstände systemisch mit einem Bild der Kirche zusammenhängt, dass jahrzehntelang und zuweilen bis heute von denselben mitgetragen ist, die sich davon absetzen wollen. Auch wenn dies polemisch und zuweilen mehr als populistisch verstärkt wird, bleibt das zugrundliegende Kirchenbild einem Oben-Unten-Zusammenhang verpflichtet und bietet keinen Ausweg aus den blockierenden Denkhorizonten.

Die Diskussionslage ließe sich weiterführen: Die Selbstreferenzialität liegt auch dort, wo Christinnen und Christen, Sucherinnen und Sympathisanten eingeordnet werden in Kategorien von »high involvement« und »low involvement« (starkes oder schwaches Engagement). Immer geht es – auch in anderen Kategoriemustern – um die Einordnung des Engagements und vermutlicher Nähe von Menschen zu einer Institution, einer Gemeinde, einem Gefüge. Das ist nur dann stimmig, wenn ich dieses Kirchenbild normiert verstehe.

Das gilt auch für den Zusammenhang mit den Mitgliedschaftsstudien. Sie beziehen sich ausschließlich auf die vorhandene Kirchengestalt in allen ihren Facetten. Was aber wäre, wenn dieses Kirchenbild nicht normativ ist? Und was ist, wenn es um das Evangelium und seine Verkündigung ginge, also um eine starke Sendungsorientierung?

Wir dürfen, ja wir müssen den hier vielleicht etwas überzeichneten Hintergrund verlassen. Denn es ist spannend zu sehen, dass die Wirklichkeit des Evangeliums und des Glaubens vieler Menschen in ein neues Licht rückt und Kirche neu gestaltbar wird, wenn wir diese einengenden kirchenfixierten Bilder aufgeben.

Und erst auf diesem Hintergrund wird auch die Frage nach dem ordinierten Amt neu zu stellen sein, denn ohne ein neues Bild kirchlichen Lebens aus dem Evangelium wird auch die Frage nach dem ordinierten Amt nicht zu beantworten sein.

Auf neuen Wegen

Ich mag nicht mehr. Es ist ein wiederkehrendes Ritual. Ewig grüßt das Murmeltier. Man muss es so sagen. Es war um das Jahr 2007. Ich durfte als Berater an der Kommission IV der Bischofskonferenz teilnehmen. Dort ging um die Priesterseminare und die theologischen Fakultäten.

Es gibt zu viele Priesterseminare, die fast leer sind. Das war der Sachstand 2007 – und das war schon damals eine Wirklichkeit, die seit zehn Jahren bekannt war und auch in den nächsten Jahren gelten würde. Und spannend war damals, dass – wie heute auch – sehr konkrete Vorschläge auf dem Tisch lagen, die die Landschaft radikal reformiert hätten. Damals waren es vier »Häuser«, die übrig bleiben sollten. Heute – fast fünfzehn Jahre später – sind es drei Häuser, die zudem eine integrierte Ausbildung – zusammen mit anderen Berufsgruppen – anbieten sollen.

Aber wie schon im Jahr 1997 oder 2007 ist es auch heute: Es gibt keine gemeinsame Strategie, sondern jeder Bischof folgt seiner eigenen Agenda. Das ist nicht verwunderlich, denn gemeinsame Bilder und Strategien existieren nicht. Ich erinnere mich an die irritierenden Alleingänge von Bischöfen und an verwunderliche Akrobatik: Ach ja, da war ja was! Was passiert eigentlich mit unseren wertvollen Fakultäten, wenn es keine Priesterausbildung mehr gibt? Werden sie dann abgewertet zur theologischen Lehrerinnen und -lehrerausbildung?

Aber da war doch was: Die Unzufriedenheit der Bischöfe mit ihren staatlichen theologischen Fakultäten ist damals wie heute mit Händen zu greifen. Waren sie zu unkirchlich im Meissnerschen Sinn? Ich verstand es nicht. Auf der einen Seite war fast niemand zufrieden mit diesen Fakultäten, auf der anderen Seite fürchtete jeder, dass sie mit Aufgabe der Priesterausbildung auch ihrer ungeliebten Fakultäten verlustig gingen. Unbegreiflich, es sei denn, es gab und gibt eine andere Logik.

Und ja, sie gibt es. Bei allen Versuchen der letzten Jahre regiert eine »hidden agenda«, eine unausgesprochene Leitidee, die nie explizit formuliert wurde. Die Leitidee ist der Bestandserhalt von Strukturen und Institutionen, von Seminaren und Einrichtungen, die aus einem Gefüge der Vergangenheit stammen und sich in jener Zeit bewährt haben. Weder gab noch gibt es wirklich vorwärtsweisende Konzepte, und alles hält sich in der bequemen statischen Lähmung des Status quo. Bitte kein Aufbruchsmikado spielen! Wer sich bewegt, geht unter.

Es scheint ungerecht zu sein, so etwas zu behaupten. Denn haben sich nicht schon ganz viele Dinge in Sachen Theologie und Ausbildung verändert? Versuchen nicht viele Verantwortliche und Regenten, Bischöfe und Dekane, neue Wege zu gehen? Gibt es nicht spannende Versuche der digitalen, integrierten, berufsübergreifenden, seiteneinsteigerberücksichtigenden Ausbildungsstätten? Müht sich nicht die Theologie um Praxisnähe, Spiritualität und Zeitgenossenschaft im interdisziplinären Gespräch? Ist sie nicht mehr als up to date?

Hat sich nicht eigentlich all das über die vergangenen Jahrzehnte bewährt? Wurde nicht gute Theologie gelehrt und eine Anschlussfähigkeit an die Diskussionen der Zeit hergestellt? Zeigt sich die Theologie nicht als wertvolles kritisches Korrektiv zu den konservativ-scholastischen Lehramtlichkeiten? Steht sie nicht an vorderster Front in der Kritik der Tradition und ihrer traditionalistischen Auslegung?

Und gilt das nicht auch für die Ausbildungsstätten und -wege zukünftiger Priester, Gemeindereferentinnen und -referenten sowie Pastoralreferentinnen und -referenten? Wurde hier nicht in den vergangenen Jahrzehnten und vor allem in den letzten Jahren intensiv an Ausbildungskonzepten gearbeitet, gefeilt und diese modernisiert? Das Eintragen von spiritueller Bildung, psychologischer und pädagogischer Klärungsprozesse spricht doch eine deutliche Sprache – bis dahin, dass es gemeinsame Propädeutika, Praktika, pastorale Ausbildungsgänge gibt.

Ja, natürlich! Und doch riskieren wir hier letztlich eine systemische Bestandswahrung, die in keiner Weise der vollkommen veränderten Grundsituation des Christentums in Mitteleuropa entspricht. Das muss hier so klar gesagt werden. Und es wirkt merkwürdig, wie hoch der Selbstimmunisierungsgrad gegenüber solcher Kritik ist.

All das macht noch einmal deutlich, wie sehr alle im Spiegelkabinett selbstreferenzieller Kirchlichkeit einer vergangenen Vergangenheit stecken bleiben. Es geht in meinem Nachdenken nicht zuerst um Kritik, und dennoch: Der Weg in eine neue Freiheit des Denkens und Handelns wird ja erst dann einsichtig, wenn deutlich gemacht werden kann, welche blinden Flecken die Sehnsucht nach Selbsterhalt bezeugt. Vorsichtig und doch nachdrücklich möchte ich sie hier nennen. Dabei kann ich nicht meine Überraschung verbergen, dass in hochreflektierten und komplexen Zusammenhängen so wenig selbstkritische Kompetenz vorhanden ist. In kurzen Skizzen soll hier benannt werden, welche Herausforderungen vor uns liegen.

Machtstellungen

Es mutet grotesk an. Vonseiten der akademischen Theologie wird mit Recht das Thema des Missbrauchs und der klerikalistischen Machtstrukturen reflektiert und mit Verve ins Gespräch gebracht. Und das ist gut so. Es ist aber grenzenlos unglaubwürdig, andere auf ihren Machtmissbrauch anzusprechen und zugleich selbst – im Binnenraum theologischer Fakultäten – in erschreckende Machtspiele verstrickt zu sein. Es ist richtig, die Praxis der Rechtgläubigkeitsprüfungen durch den Vatikan zu kritisieren. Es bezeugt jedoch einen hohen Grad an Heuchelei, wenn dies im internen Ausschreibungspoker auf allen Ebenen genauso funktioniert.

Ganz im Ernst: Wenn ich – der ich wahrlich über wenig Insiderwissen verfüge – so viel davon mitbekomme, wie mit jungen Studierenden umgegangen wird, wie sehr zuweilen lehrstuhlhafte Machtfülle willkürlich oder doch zumindest nach eigenem Gusto eingesetzt wird, dann fehlen mir die Worte. Was ist daran besser?

Da kommen einige Vermutungen auf. Spielen im Spiegelkabinett des Machtmissbrauchs eigene Projektionen eine Rolle? Woher kommt die Blindheit? Und ist es wirklich denkbar, dass Professorinnen und Professoren, Assistenten und Assistentinnen denken könnten, es würde niemand mitbekommen, wenn in universitären Zusammenhängen ein Postenschacher stattfindet, der immer nur im Blick auf althergebrachte Männerbünde projiziert wird?

Ist es so »normal«, dass neue Ansätze und Studiengänge, neue Ausbildungsansätze und Versuche, die nicht ins Systemgefüge passen, erst einmal kritisch und machtvoll wegmoderiert werden, weil sie nicht den eigenen Ideen entsprechen?

Glauben und Spiritualität

Die Trennung von Glauben, Spiritualität und Theologie gehört zu den systemischen Voraussetzungen akademischer Gepflogenheiten. Nicht wenige, sondern viele Studierende erzählten und erzählen mir, dass die gewachsene Wissenschaftlichkeit der akademischen Theologie die Fragen nach dem persönlichen Glauben und seiner Praxis ausblendet. Das kann ich nachvollziehen: Implizit wurde und wird – wie in der volkskirchlichen Bilderwelt – der christliche Glaubensweg auch gerne kontrafaktisch vorausgesetzt, samt einer Erfahrung kirchlicher Gemeinschaft.

Damit bezeugt allerdings die Theologie eine enorme Abhängigkeit von einem untergegangenen volkskirchlichen Systemgefüge, zu dem sie gehört. Gleichzeitig aber verliert damit die Theologie ihre existenzielle Verwurzelung – zu ihrem eigenen Schaden. Das kann man an den Auseinandersetzungen erkennen, die sich in der wissenschaftlichen Betriebslogik zeigen.

Sehr leicht und gern abgrenzend wird dann von Spiritualisierung gesprochen, um Argumente leichtfertig zu schubladisieren, sehr gern wird dann auch Spiritualität abgespalten. Und umgekehrt riskiert genau diese Abspaltung eine negative Dialektik zu geistlichen Aufbrüchen, die ihrerseits genau jene Kopflastigkeit und Wirkungslosigkeit bei der Theologie konstatieren.

Wer vermag in der unübersichtlich einseitigen Diskussion wechselseitiger Kränkung und Einseitigkeit, die etwa im Kontext des Gebetshauses Augsburg noch in guter Erinnerung ist, ernsthaft bestreiten, dass die sich hier abzeichnende Polarisierung zum Schaden aller Diskutierenden geführt hat.

In kurzen Worten: Das Verschwinden existenzieller Eingründung der Theologie lässt tief blicken. So scheint die akademische Theologie merkwürdig aus der Zeit gefallen. Sie nimmt nicht wahr, dass sie sich in katechumenalen Zeiten neu an ihren Ursprung erinnern muss. Es ist der Glaube, der gemeinsam gelebte Glaube, der die Vernunft sucht. Aber wenn der Glaube und die akademische Vernunft sich nicht mehr gegenseitig suchen, damit beide gemeinsam wachsen können, dann verlieren beide an Relevanz. Genau das lässt sich erkennen.

Ausbildungsresonanz

Diese merkwürdige Spannungslage führt dann auch zu einer entsprechenden ausbleibenden Ausbildungsresonanz. Dies lässt sich bei zukünftigen Gemeindereferentinnen und -referenten sowie Pastoralreferentinnen und -referenten gut erkennen. Und genauso bei den wenigen Seminaristen. Wie verhält es sich dort mit der zugrunde gelegten Erfahrung und Praxis eines gemeinschaftlich gelebten Kircheseins? Dies wird auch deutlich im Kontext der Religionslehrerinnen und -lehrerausbildung.

Religion fürs Lehramt zu studieren, so wird den Dozierenden deutlich, wird dann schwierig, wenn die Studierenden kaum über eine Einführung in Glauben und Praxis des christlichen Glaubens verfügen, geschweige denn eine Erfahrung gelebten Kircheseins haben.

Wer ein wenig die Religionssoziologie der vergangenen Jahrzehnte studiert hat, wer sich mit der Sinus-Studie beschäftigt hat, wer sich mit christlicher Initiation theoretisch oder praktisch in den vergangenen Jahrzehnten beschäftigt hat, der weiß, dass dies nicht verwunderlich ist. Dann zu behaupten, dass dies nicht die Aufgabe der Fakultäten sein kann, zeugt von einem Verfangensein in den klassischen Mustern eines Kirchenverständnisses und den damit verbundenen akademischen Logiken, das höchstens noch in den Köpfen vorhanden ist, aber seit mindestens einer Generation nicht mehr die Wirklichkeit trifft.

Das gilt auch für Theologinnen und Theologen, die als Pastoralreferentinnen und -referenten arbeiten sollten, und es gilt auch für Religionspädagoginnen und -pädagogen. Sie werden deutlich weniger, und auch die vielen unbesetzten Stellen können junge Menschen nicht locken. Hier wird das Ende eines Systemgefüges durch die fehlende Resonanz und durch die nicht der Wirklichkeit angemessene Passung deutlich.

Alle Versuche, dies durch spirituell geprägte Mentorate vonseiten der späteren Anstellungsträger zu ergänzen, macht noch einmal die ganze Schwierigkeit eines solchen Unternehmens deutlich. Können Wundpflaster heilend wirken, wenn das zugrunde liegende Systemgefüge zerbrochen ist?

Seminare als Orte der Priesterausbildung?

Ich bin selbst in den 80er-Jahren des vergangenen Jahrhunderts für fünf Jahre in Priesterseminaren gewesen, zuerst in Münster, später in Rom. Ich erinnere mich gut an meinen Schock. Ich dachte ernsthaft, dass ich hier jungen Leuten begegne, die ihren Weg der Nachfolge intensiv gehen und dabei auch von einer inneren Leidenschaft für den Weg des Priesters ergriffen sind. Das war leider zu oft zu wenig zu bemerken. Was hingegen deutlich wurde, war eher eine unreife Peergroup von jungen Männern (und ich war einer von ihnen), die schon irgendwie Priester werden wollten, aber es gab kein gemeinsames Bild dafür, was Christsein bedeutet. Natürlich gab es Gottesdienste, es gab spirituelle Impulse und Gruppen – aber schon in den 80er-Jahren wurde deutlich, dass es keine echte Idee für Glaubenswachstumsprozesse gab. Eher regierte die Einführung in traditionelle Rituale und Liturgien und eine ähnliche Spannung zwischen Spiritualität, Leben vor Ort und Studium. Es reicht nicht aus und es ist nicht hilfreich gewesen, dass mit dem Verweis auf das »forum internum« der gesamte Bereich existenzieller Spiritualität abgetrennt und privatisiert wurde. Schon damals wurde deutlich, dass die impliziten Voraussetzungen nicht vorliegen: Christwerdungsprozesse wurden seinerzeit noch gemessen an der kirchlichen Gemeindepraxis – kontrafaktisch: Die Annahme entspricht in keiner Weise der Wirklichkeit. Deutlich wurde auch, dass es keine Leitvision der Ausbildung gab und keine echte Führung, die Verantwortung über den kleinsten gemeinsamen Nenner hinaus vereinbarte.

Das war damals in Rom nicht wesentlich anders. Und es war auch zwanzig Jahre später nicht wesentlich anders, als ich mit anderen die Priesterausbildung verantworten sollte. Nur dass die nächste Generation junger Männer zahlenmäßig noch weiter geschrumpft war – und dass es eben in keiner Weise mehr selbstverständliche Prägungen gab. Die Berufung zum Priester zu spüren, bedeutete nur in den seltensten Fällen, dass junge Leute in einer Gemeinschaft von Christen gereift waren. Die Kriterien für die Priesterausbildung waren schwammig und nicht transparent, während die Gruppendynamik deutlich stärker war. In allem lebte untergründig ein Geist des Misstrauens, der letztlich ein Gegenüber von Oben-Unten förderte, in dem sich wiederum spiegelte, welches Kirchenbild leitend war.

Ohne hier beschämen zu wollen: Es gab und gibt weiterhin kaum eine wirklich neue Idee der Priesterausbildung als das Bild eines verbesserten Weiter-so. Und das gilt selbst dann, wenn viele kreative Ideen die vorhandenen Strukturen verbessern wollten und großartige Regenten Freiräume für ein gemeinsames Wachstum ermöglichten. Wie soll man das deuten? Auch wenn es mehr Praktika gibt, mehr Momente der gemeinsamen Reflexion, mehr Anforderungen an die psychosoziale Reife – aus dem Ursprungsgefüge und seiner Logik kann man nicht aussteigen.

Was ursprünglich eine gute Lösung in einem bestimmten Gefüge lebendiger Kirche gewesen ist, ist es heute nicht mehr. Die Reformgewinne verpuffen und verändern nicht die Grundherausforderung eines grundlegenden Wandels im Gesamtgefüge. Natürlich können wir noch weitermachen, solange wir die Mittel dafür haben. Natürlich können wir weitere Wundpflaster und Bypässe legen. Natürlich ist es möglich, neue Konzepte zu entwickeln, Kompromisskonsense (wie etwa bei den Berufsbildern und Curricula) zu erreichen – all das wird nichts daran ändern, dass das bisherige Gefüge, in dem sich wie in einem Spiegelkabinett alles ineinander spiegelt, nicht mehr funktioniert, aber auch nicht wirklich veränderbar ist.

Das wird auch in der deutschsprachigen Diskussion erkennbar: Selbstimmunisierung einerseits verhindert berechtigte Kritik, und dieser Bogen reicht von der Kritik am Zustand der Theologie bis zur Frage, ob Seminarien überhaupt der richtige Ort für das Wachsen und Reifen von zukünftigen Priestern sind. Er reicht von der Unklarheit über den inneren Sinn einer »missio canonica«, der kirchlichen Gebundenheit von Mitarbeitenden und Lehrerinnen sowie Lehrern. Und schließlich führt all dies zur Frage, warum ernsthaft erwartet werden kann, dass eine größere Zahl von jungen und vitalen Menschen das Ziel verfolgen sollte, in einem klassischen Gemeindeberuf zu arbeiten.

Wir stecken in einer Sackgasse. Wir müssen da raus. Und das geht nicht im bestehenden Systemgefüge. Gibt es da andere Wege? Kein Wunder, dass bisherige Versuche so hilflos sind. Das bisherige Gefüge kirchlichen Lebens trägt keine Zukunft in sich – im Gegenteil. Es verfestigt eine Kirchenkultur auf allen Ebenen, die eben weiterhin von Bildern einer polarisierten Kirche geprägt ist. Nicht die Volk-Gottes-Theologie prägt das Geschehen, sondern das Paradigma von Professionalität beziehungsweise Klerikalisierung und eines Oben-Unten – eines Gesamtbildes, das eher eine untergegangene (und keineswegs glorreiche) Vergangenheit reflektiert.

Impulse einer tiefgreifenden Erneuerung

Es braucht ein Sterben. Es braucht ein Zerbrechen. Im Augenblick dieser Apokalypse, die mit Recht gefürchtet wird und die doch wesentlich zum genetischen Code einer österlichen Gemeinschaft gehört, hören wir vor allem lautes Klagen und beobachten eine Abwehrhaltung in puncto Veränderungen. Auch das muss so sein, denn es gehört zu den Trauerprozessen zwischen Widerstand und Ergebung. Das Ende dieses Gefüges betrifft alle – und im Kern ist natürlich gerade auch die Frage nach der Ausbildung neuer pastoraler und theologischer Berufe betroffen. Und sie ist wirklich eine der strategischen Schlüsselfragen der Ekklesiogenesis und eines neuen Paradigmas des Evangeliums in der heutigen Zeit.

Glauben wir daran, dass solche Erneuerung gelingen kann, dann gilt es, Ausschau zu halten nach Erfahrungen, die dieses »Neue« mit viel Leidenschaft ansichtig werden lassen. Hier zeigen sich dann frühblühende Anfänge eines neuen Paradigmas. Und sie sind ein Weg in eine neue Freiheit, Glauben, Spiritualität, Theologie und Ausbildung neu zu fassen und zu gestalten.

Natürlich kann es nicht um einen schnellen Ersatz gehen. Das Sterben dauert an, gewinnt an Geschwindigkeit – und weiterhin wird es so sein, dass auch künftig Theologie und Religionspädagogik studiert, Ausbildung gestaltet und für Berufe geworben wird. Ich bin mir jedoch ziemlich sicher, dass diese Wege versiegen, sich als Sackgassen entpuppen werden.

Wir suchen schon seit Jahren nach neuen Wegen, und was wir gefunden haben, will ich gern zur Verfügung stellen. Klar ist allerdings auch, dass in der Logik des Nachdenkens auch dieses Gefüge neuer Perspektiven sich einträgt in ein neues Gesamtgefüge, das am Entstehen ist. Um dies geht es uns ja, wenn wir das klerikale Kirchenbild verlassen, mit all seinen Gegenabhängigkeiten und endzeitlichen Polarisierungen, und uns auf die Suche nach der Gestalt und Kultur der Kirche von morgen begeben.

Afrikanische Erfahrungen

Vor einigen Jahren begegnete mir im Rahmen der Misereoraktionen ein afrikanischer Pfarrer. Er erzählte mir von der Ausbildung der Katechistinnen und Katechisten in seiner Diözese. Ich war sehr interessiert und hatte viele Fragen.

»Wie findest du denn mögliche Katechisten?«, lautete meine erste Frage. Er schaute mich erstaunt an. »Ich suche sie gar nicht! Denn ich bin Pfarrer für einen weiten Bereich. Die Leute vor Ort, in der Gemeinschaft am Ort, die sprechen sich ab. Sie kennen die, denen sie es zutrauen. Und die schlagen sie mir dann vor. Und in der Regel stimme ich zu. Nur dann, wenn ich weiß, dass eine Person eventuell nicht vertrauenswürdig ist, interveniere ich.«

Hier zeigt sich ein erster und wesentlicher Perspektivwechsel: Die Frage nach der Eignung einer Person und damit auch die Frage nach ihrer Berufung orientiert sich ganz deutlich an anderen Parametern, als wir sie aus restklerikal verfassten Kirchengefügen kennen. Berufung für einen Dienst in der Kirche ist zunächst einmal verbunden mit der Entwicklung einer kirchlichen Gemeinschaft vor Ort. Hier geht es zunächst um zwei Dinge: Es ist die Gemeinschaft, die nach einer glaubwürdigen Person sucht. In der Tat geht es hier natürlich auch darum, wer es denn sein könnte – aber persönliche Glaubwürdigkeit und anerkannte Persönlichkeit sind die Kriterien, die nicht aus Assessmentgesprächen erwachsen, sondern aus dem Leben.

Damit wird ein anderes Verständnis von Berufung deutlich: Es geht hier nicht allein um persönliche Begabungen und eventuelle geistliche Eingebungen, sondern um das Ineinander von Bedarfen einer konkreten Gemeinschaft und ausgewiesen glaubwürdigen und geeigneten Kandidatinnen und Kandidaten.

»Und wie werden die dann ausgebildet?«, fragte ich neugierig weiter. »Naja, es gibt unterschiedliche Intensitäten der Ausbildung, zwischen drei Monaten bis zu drei Jahren.« Ich staunte Bauklötze. »Wie geht denn das?«, fragte ich entgeistert, »wie sollen sich denn die Kandidatinnen oder Kandidaten das leisten können?« Er antwortete mir lächelnd: »Nun, das ist ganz einfach. Die Gemeinschaft trägt die Kosten, bestellt die Felder, macht die Arbeit für die Person, damit sie gut ausgebildet werden kann. Und sie freuen sich dann auf den Katechisten, weil der ja dann in den nächsten Jahren die Gemeinde führt.«

Die Ausbildung ist also gründlich und kann sich über die nächsten Jahre erstrecken. Es ist keine akademische Ausbildung. Sie ist praxisorientiert und ermöglicht eine kompetente Leitung der Gemeinschaft vor Ort. Die Leitungsverantwortung wird in die Hände einer Gemeinschaft gelegt, die sie dann einer geeigneten Person zuspricht.

Eine erste anglikanische Revolution

Der Anfang ist ein erstaunlicher Gemeindeaufbruch. Der Anfang sind die charismatischen Aufbruchsbewegungen vieler Christinnen und Christen, die zur freshX-Bewegung führen. Sie haben mich beeindruckt. Und oft waren es eben nicht Priesterinnen und Priester, die den Aufbruch riskierten, sondern Menschen mit Leidenschaft, die zusammen mit anderen aus der Wirkkraft des Evangeliums neue Dinge schufen.

In der Londoner Gemeinde »Holy Trinity Brompton«, die für die Entwicklung des Alpha-Kurses steht, wuchs mit der Zahl der Engagierten auch die Sehnsucht nach einem tieferen Verstehen des Glaubens – nach Theologie, die in der Existenzerfahrung des Gläubigwerdens gründet. Daraus erwuchs so etwas wie eine »theologische Volkshochschule«. Mich hat diese »Logik« und »Architektur« dieser Entwicklung berührt: Ja, der Glaube will verstehen. Mit Professor Graham Tomlin kam ein akademischer Theologe aus Oxford, um dieses Projekt zu gestalten. Er verließ seinen sicheren Lehrstuhl, weil er sich fragte, wie Theologie auch existenzieller gelehrt und gelernt werden kann.

Aus der Erfahrung dieser Volkshochschule entstand die Idee einer neuen Ausbildungsform, wie sie im St. Mellitus College verwirklicht wird, das mittlerweile von der Resonanz der Studierenden zum zahlenmäßig größten Ausbildungsort der anglikanischen Geistlichen geworden ist.

Es ist ein ganz anderer Ausbildungshorizont, der einem hier begegnet. Begeisternd anders. Und nicht einfach übertragbar, weil die Entwicklungsschritte nicht einfach überspringbar sind. In diesem Zusammenhang wird schnell deutlich, dass der erste Unterschied der duale Ansatz ist: Theologie ist immer reflektierte Praxis und Spiritualität. Und weil das so ist, ist das Studium nicht auf die Phasen theologischer Reflexion zu begrenzen. Wesentlich ist der Zirkel zwischen erlebter Praxis und Kirchenentwicklung mit einem Mentor und der regelmäßigen theologischen und praktischen Reflexion.

Aber der gemeinsame Studientag in St. Mellitus ist eben nicht nur ein Studientag, sondern auch ein Tag des gemeinsamen Lebens und Glaubens, intensiver Spiritualität und reflektierter Feedbackkultur – und einer »geerdeten Theologie«, die auf ein Handeln in missionarischen Zusammenhängen zielt.

Noch wichtiger erscheinen mir allerdings Assessment und Berufungsfindung, die sehr transparent und überlegt dafür sorgen, dass die Logik des Rufens und der Berufung neu gedacht werden kann. Es wird in diesem Verfahren deutlich, dass das Ineinander von Gemeinschaft der Glaubenden sowie der Kandidatinnen und Kandidaten für den Dienst an dieser Gemeinschaft wesentlich ist. Mit anderen Worten: Es geht nicht, dass Kandidatinnen und Kandidaten aus dem Off kirchlichen Lebens in den Dienst treten wollen und Berufung – jener in diesem Buch noch an anderer Stelle intensiver zu bedenkender Begriff – subjektiviert und intimisiert bleibt. Wenn eine Gemeinschaft nicht erkennen kann und nicht fördern will, dass sie oder er einen Weg zum Dienst am Gottesvolk gehen könnte, dann ist Berufung nur eine Ideologie.

Was uns, die wir in St. Mellitus für einige Tage zu Besuch waren, so begeisterte, war dann aber das »Insgesamt« einer geistlichen und theologischen und praktischen Erfahrung. Es war die Erfahrung, auf Studierende zu stoßen, die mit Freude und Leidenschaft ihren Weg gingen und offensichtlich authentische Persönlichkeiten mit einer hohen Beziehungsfähigkeit waren. Und noch mehr: Das Ganze war durchdacht – es war ein Weg im Ineinander von Kirchenentwicklung und Ausbildung.

Weiter denken – Ausbildungsprophetien von Michael Moynagh

»So, du willst also Mellitus besuchen«, lächelte verschmitzt Michael Moynagh, mein guter theologischer Freund. Wir hatten uns für ein Mittagessen in London getroffen, und da ich am Nachmittag noch Zeit hatte, wollte ich dorthin. »Weißt du, vielleicht ist das doch auch nur ein Milieu, was du dort triffst. Vielleicht müsste man noch weiter gehen.« Und er erzählte mir von der Pionierausbildung, die es in Oxford unter der Leitung von Jonny Baker gibt.

Er erzählte mir noch mehr, als er im November 2019 bei uns in Hildesheim war. Mich hatte an Mellitus beeindruckt, dass das Studium auf drei Jahre begrenzt war. Michael schaute mich prüfend an. »Weißt du, drei Jahre sind okay. Aber ich glaube, ein Jahr Theologie würde reichen. Viel wichtiger ist es, dass die Fähigkeiten im Beziehungsbereich, die Organisation von Communities, gelernt werden.«

Für Michael Moynagh ist es dabei selbstverständlich, dass die geistliche und persönliche Reife der Männer und Frauen geprägt ist durch ein Leben der Nachfolge. Weniger wichtig ist ihm die theologische Ausbildung. Und das liegt nicht etwa daran, dass er kein leidenschaftlicher Theologe ist. Ich kenne wenige Theologen, die so kreativ, mutig und begründet die Tradition der Kirche neu denken. Aber Persönlichkeit und soziale Kompetenz, die in einem Leben mit Christus gründen, sind bedeutsamer, zumal Moynagh hinzufügt: »In jeder Diözese müsste es doch zehn gute Theologinnen und Theologen geben.«

Dahinter steckt nun nicht der Gedanke, dass die Ausbildung weniger theologisch sein soll. Im Gegenteil. Aber der Ausgangspunkt ist eben nicht eine klerikale Ausbildung, sondern die Frage, wie Menschen im Leben einer Gemeinschaft gerufen werden können, die mit unterschiedlichsten Zugangsvoraussetzungen leidenschaftlich ihre Glaubenserfahrung durchdenken und in den Dienst anderer Christinnen und Christen treten können.

Wichtiger als die Ausbildung zukünftiger Priesterinnen und Priester, Theologinnen und Theologen ist es, dass Menschen vor Ort in ihrer Christusnachfolge und in ihrem Leben als Christen gestärkt werden. Hier bedarf es Bildungsprozesse, die darauf hinzielen, dass unter diesen Menschen zukünftige Ordinierte sein können.

Inkulturationsversuche – zu träumen beginnen

All das lässt mich träumen! Erste Schritte auf diesem Weg darf ich mit ebenso leidenschaftlichen Träumenden aus der Schweiz gehen. Wenn das Institut im Reusshaus im Herbst 2021 mit dem Experiment einer missionarischen Ausbildung beginnt, sind all diese Erfahrungen im Hintergrund.

Nein, es geht nicht um eine Konkurrenz zu anderen Ausbildungsinstituten, zu Priesterseminaren und Fakultäten. Es geht schlicht um einen anderen Weg. Auch im Reusshaus wird nämlich – wie in Mellitus – zunächst der Ausgangspunkt verändert: Gemeinsam mit Gemeinden, die aufbrechen wollen, wird ein verknüpftes Ausbildungssetting erstellt. Die Kandidatinnen und Kandidaten werden ausgesucht, um zugleich schon in Gemeinden zu arbeiten und gemeinsam theologisch-missional zu reflektieren.

Und ja – die Kandidatinnen und Kandidaten für diesen Weg entstammen einer Generation junger leidenschaftlicher Christinnen und Christen, die auf der Suche nach neuen Wegen in der Kirche sind, die sie oft in herkömmlichen akademischen Abstraktionsorten oder in theologiefreier Pastoral nicht finden können.

Aber dieser experimentelle Aufschlag, den es auch in Deutschland im Kontext der freshX-Bewegung, an der CVJM-Hochschule in Kassel und anderen experimentellen Orten gibt, ist erst ein Anfang für weiter reichende Prophetien.

Um diese Prophetien geht es, wenn wir in die Freiheit einer nichtklerikalen Kirche hinauswollen.

Die Kirche und ihr Personal – auf dem Weg in neue Freiheiten

Wir sind in einer Pfarrei zu Besuch. In wenigen Jahren wird der Pfarrer in den Ruhestand gehen. Und schon jetzt wird klar, dass in Zukunft ein Pfarrer aus der Nachbarschaft auch diese Pfarrei verantwortlich leiten wird. Es ist eine Landpfarrei – und in dieser Pfarrei sind interessante Persönlichkeiten mit Potenzial. Jedes Mal fragen sie mich: »Könnte uns Hildesheim nicht wenigstens eine Gemeindereferentin schicken? Wenn keine kommt, dann wird das Leben der Gemeinde hier zusammenbrechen.«

Wenigstens. Eine Gemeindereferentin. Ich bin ein wenig sprachlos. Aber irgendwie folgt das Ganze einem bekannten Muster. Kirche, das ist eine Organisation, die mit pastoralen Mitarbeitenden Versorgung herstellt. Das ist die Prägung. Dafür hat eine klerikal orientierte Kirche gesorgt. Und das führt dann zu solchen abwertenden Äußerungen, ganz natürlich. Denn Gemeindereferentinnen, so die Meinung, sind zwar keine Priester – aber wenn schon kein Priester, dann wenigstens eine Referentin …

So erlebe ich es in vielen Gemeinden: »Schlafen Sie doch noch mal in Ihrem Bettchen«, formuliert übergriffig ein Gemeindemitglied, »ob Sie nicht noch jemanden finden, den Sie hierherschicken.« Was mich verletzt und ärgerlich macht, ist eine eingeprägte

Sicht auf die Berufe. Kirche existiert, wenn professionelle Mitarbeitende da sind. Das ist katholisch wie evangelisch so: »Wir können nur Kirche sein, wenn ein Pfarrer da ist. Ohne Priester existiert unsere Gemeinde nicht mehr«, so erzählten es mir Portugiesen in Hannover. Der Greifswalder Pastoraltheologe Michael Herbst berichtet, dass in evangelischen Kirchengemeinden noch vor Kurzem galt: »Wenn kein Licht im Pfarrhaus mehr brennt, dann fühlen wir uns allein gelassen«, so oder ähnlich formulieren, spüren und denken viele, weil es ihnen eine kirchliche Organisation so beigebracht hatte.

Schwierig wird es hingegen für mich auch, wenn ich erlebe, wie Gemeindereferentinnen und -referenten bis heute Wert darauf legen, dass sie für die Kommunionvorbereitung der mehr werdenden Kirchengemeinden weiterhin die operative Verantwortung übernehmen. Bei einer Fortbildung vor einigen Jahren erzählte mir eine Gemeindereferentin freudestrahlend, dass es ihr gelungen sei, in allen vier Pfarreien dasselbe Erstkommunionkonzept durchzusetzen, seitdem sie dort ist. Das sei doch einfacher. Sie ist überrascht, als ich zurückfrage: »Waren da nicht schon vorher Konzepte? Und was ist mit den Katechetinnen und Katecheten?« »Einige sind gegangen. Natürlich gab es Konzepte, aber ich bin schließlich die Leiterin.«

Der klerikale Code

Wir können uns erinnern: Es gab eine Zeit, in der in einer Standeskirche Kompetenzen und Macht, Aktivität und Aufgaben klar verteilt waren. Damals, so sagten die Kleriker, sind Christen als Laien der »verlängerte Arm des Klerus«. Kirche wurde damals vom Klerus her strukturiert. Und Ehrenamtlichkeit war Hilfsarbeit, nicht selbstständig, sondern abhängig: Der Pfarrer bestellte und bestellte ab, was akzeptiert wurde.

Natürlich sind das Zeiten gewesen, in denen Christen auch keine eigene Bibel haben durften: Es wäre ja gefährlich, da sie nicht in der Lage seien, allein die Bibel zu lesen, ohne sie falsch auszulegen. Aber es war die Zeit, in der die pastoralen Berufe zu entstehen begannen. Der Beruf der Seelsorgehelferin, des Seelsorgers entwickelte sich dort, wo große Pfarreien in Städten – meist durch Zuwanderung – entstanden. Allein schon im Namen steckt eine deutliche »Pfadabhängigkeit« zum Klerus und seiner angestammten Rolle: Jetzt brauchte es – zumeist – Helferinnen für Bereiche der Seelsorge, die nicht mehr durch Kleriker leistbar sind. Ausgangspunkt ist hier aber ganz deutlich der Gedanke klerikaler Delegation und das Fehlen von Arbeitskapazitäten. Das Bild einer versorgend-klerikalen Kirche wird ergänzt von geeigneten und oft hochbegabten Frauen, die bestimmte Aufgabenbereiche – meist die Katechese – übernehmen.

Solche »Pfadabhängigkeiten« lassen sich bis heute beobachten: Gemeindereferentinnen und -referenten sind weiterhin spurabhängig von ihren Chefs, den Pfarrern. Und auch der verwandelte Begriff deutet auf eine weitere Pfadabhängigkeit hin. Es ist nicht nur so, dass Gemeindereferentinnen und -referenten die Perspektive der Versorgung der Kirche vor Ort weiterführen, es ist nicht nur so, dass sie als Profis in Religionspädagogik ihrerseits riskieren, als Macherinnen und Macher Seelsorge an Kindern, Jugendlichen und Erwachsenen als ihre Domäne zu verstehen, zu denen sie ihrerseits Ehrenamtliche hinzuziehen können, weil sie es selbst alleine nicht schaffen können – es ist auch so, dass sie eng mit einer Entwicklung verknüpft sind, die seit den 60er-Jahren auch ein Systemgefüge bildet: die »Gemeinde« als Kern und Stern der Pastoral.

Eine doppelte Krise

Damit wird deutlich, dass diese Berufsgruppe, die sich hier gebildet hat, eben kein freigespielter pastoraler Beruf ist. Sie ist deutlich an eine bestimmte Sozialgestalt gebunden. Die Gemeinde besteht hier aus den engagierten Christinnen und Christen, die als Gemeinschaft der Christen vor Ort betreut werden wollen – und einem Ensemble an Dienstleistungen und Angeboten, für die die Hauptberuflichen stehen.

Wenn nun einerseits die berufliche Perspektivierung letztlich in ihrer Entstehung und Entfaltung klerikal abhängig ist, weil die Muster einer klerikal geprägten Kirche – das Machen, die Versorgung und Betreuung, die Dienstleistung und die Angebote – zur DNA dieser Berufsgruppe gehören, und wenn nun andererseits diese Berufsgruppe schon im Namen gebunden ist an eine bestimmte, aber deutlich sich auflösende und vergehende Sozialgestalt der Gemeinde, die sich immer wieder aus der selbstverständlichen Glaubensweitergabe regeneriert hatte, dann wird eine doppelte Krise erkennbar.

Ein gegen-klerikales Muster

Das zeigt sich in ähnlicher Weise bei der erst Ende der 60er-Jahre sich entwickelnden Berufsgruppe der Pastoralreferentinnen und -referenten. Wer die Geschichte verfolgt, kann schnell entdecken, dass hier ebenfalls eine innere Verknüpfung zu einer klerikalen Grundperspektive gegeben ist. Es ist spannend, diese Geschichte aus heutiger Sicht neu zu lesen.

Es waren junge Männer, die als Theologiestudierende nicht Priester werden wollten oder konnten, die – zusammen mit leidenschaftlichen jungen Theologinnen – in eine neue »Figur« pastoraler Berufe wechselten, für die es zunächst keinen Namen gab.

Aber deutlich ist, dass die neue Berufsgruppe der theologisch hochgebildeten Pastoralreferentinnen und -referenten sich von Anfang an absetzen musste und wollte von einer klerusfixierten Kirche und ihrer Sozialhierarchie sowie ihrer klerusfixierten Sozialgestalt der Gemeinde.

Es ist deswegen kein Wunder, dass genau diese Absetzbewegung mit Ansage zu Gegenabhängigkeiten führen konnte. Die sogenannten Laientheologinnen und -theologen waren oft genauso gut, wenn nicht besser theologisch gebildet, haben einen hohen Grad an institutioneller Reflexionsfähigkeit und sind oft doch eng dialektisch verknüpft mit einer Kirchengestalt, deren klerikale Fixierung sie eigentlich überwinden wollten.

Und es gab und gibt die Suche nach spezifischen Rollen und einer Berufsidentität, die seit der Genese der Berufsgruppe eine offene Frage blieb: Sind sie begnadete Fortbildnerinnen und Fortbildner auf regionaler Ebene? Sind sie anders ausgebildete Gemeindereferentinnen und Gemeindereferenten? Sollen sie die Managementfunktionen auf der Ebene der Dekanate übernehmen? Immer standen viele dieser begabten Männer und Frauen »zwischen« Klerikern und Gemeindereferentinnen und Gemeindereferenten und mussten oft frustrierend langsam ihren Platz finden. Wenn es dann zu persönlichen Konkurrenzen mit Priestern kam, dann wurden daraus Machtverteilungskämpfe, bei denen der Klerus dominierte.

Es ist kein Wunder, dass hier die größte Unzufriedenheit mit institutionellen Gestalten der Kirche zu verorten ist. Es zeigt sich auch deutlich, dass der Ausbruch aus einer weiterhin klerikal geprägten Gemeindekirche nicht einfach ist. Aber er gelang, mindestens zur Hälfte. Viele pastorale Mitarbeitende aus beiden Berufsgruppen bildeten sich weiter und engagieren sich mit hoher Professionalität in den sogenannten kategorialen Seelsorgefeldern. Ohne dieses Engagement gäbe es Krankenhausseelsorge, Notfallseelsorge, Beratungsfelder, Hospizseelsorge und andere Felder so nicht – und das ist ein großer Gewinn.

Sowohl auf gemeindlicher wie auch regionaler Ebene bleibt die Herausforderung groß: So viel hängt vom Pfarrer und Dechanten ab, und zu selten bricht das pastorale Wirken aus dem Rahmen der Versorgungs- und Angebotspastoral heraus. Natürlich werden Personen begleitet und natürlich gibt es interessante Aktivitäten. Es fehlt aber weithin – und das ist keine Schuldzuweisung – jene Perspektive prozesshafter Begleitung zu einer authentischen und selbstverantworteten Spiritualität und zu einer Fortbildungsbegleitung schon ausgebildeter und reifer Christinnen und Christen.

Es ist tragisch, dass viele pastorale Mitarbeitende seit Jahrzehnten eigentlich in ihrer eigenen Glaubensbiografie weit jenseits klassischer und verengter Glaubens-, Liturgie- und Gemeindebilder leben und dennoch untrennbar mit diesem Systemgefüge verbunden sind. Viele Störungen, Frustrationen und Widerstände lassen sich von hier aus erklären. Es fehlen Freiheit und ein Bild gelingender Zukunft, das jenseits klerikaler Muster liegt.

Es ist dabei auch tragisch, dass gerade dann, wenn Felder der Kategorialseelsorge mit geeigneten pastoralen Mitarbeitenden besetzt werden, sich im Laufe der Zeit öfter herausstellt, dass gefühlte und beanspruchte Professionalität oft auch klerikal wirken kann. Einerseits gibt es Erfahrungen, dass pastorale Mitarbeitende es engagierten Christinnen und Christen einfach nicht zutrauen oder zubilligen mögen, dass sie selbstständig seelsorgerlich tätig sind. »Sie sind nicht ausgebildet wie wir«, heißt es dann. Und andererseits riskieren dann manche pastoralen Mitarbeitenden, genau jene Rolle zu kopieren, die sie bei ihren einstigen klerikalen Vorgesetzten abgelehnt haben.

Natürlich trifft dies nicht auf alle zu. Natürlich spricht das nicht gegen jene Frauen und Männer, die mit hoher Leidenschaft, Spiritualität und Kompetenz einen Dienst in den unterschiedlichen Feldern der Kirche tun – ganz im Gegenteil. Aber es macht deutlich, dass das Systemgefüge schon lange nicht mehr passt.

Die Resonanz macht das deutlich: Für diese restvolkskirchliche, restgemeindliche, restklerikale und restprofessionelle Kirche, die deutlich überorganisiert ist, finden sich unter den Prämissen der bestehenden Berufsgruppen und ihrer unscharfen und gefügeabhängigen Aufgabenprofile keine Nachfolger oder Nachfolgerinnen. Das ist ein deutliches Zeichen.

Und es ist eine deutliche Herausforderung: Es fehlen die Hoffnung, die Perspektive und Vision, diese zu Ende gehende Kirchengestalt im Rahmen bisheriger Parameter weiterzuentwickeln. Es ist durchaus gesund, wenn junge Menschen es sich nicht vorstellen können, in diesen Kontexten einer selbstreferenziellklerikalen Kirche zu arbeiten. Es ist mehr als vernünftig, wenn sie sich nicht mehr an milieuverengten Sozialformen abarbeiten wollen.

Der Auszug macht deutlich: Dieses hoch institutionalisierte Gefüge dient nicht mehr der Sendung des Evangeliums in der heutigen Zeit.

Bilder der Zukunft

Alles hängt von schon sich zeigenden Zukunftsbildern ab. Wohin sind wir unterwegs? Denn nur dann kann deutlich werden, warum und wozu und wie pastorale Berufe sich in Zukunft entwickeln können.

Deutlich wird aber, dass in einer nachklerikalen Kirche und im Zu-Ende-Gehen einer weithin davon geprägten Kirchengestalt andere Dienste und Berufe wichtig werden. Wie lässt sich das denken? Es ist offensichtlich, dass sich die Kirchengestalt der Gegenwart schon jetzt vervielfältigt hat und sich in unterschiedlichen Sozialgestalten zeigt, die ihrerseits viel »flüssiger« geworden sind: Erfahrungen einer im Evangelium wurzelnden Gemeinschaft lassen sich auch in Gemeinden machen, so wäre zu formulieren, aber eben auch in neuen Formen, in Kindertagesstätten, Altersheimen und Schulen und an vielen anderen Orten. Wie selbstverständlich werden sich in diesen Gemeinschaften Christinnen und Christen als Verantwortliche herausstellen und in Teams beauftragt werden.

Was braucht es für Professionen, um diese Perspektive zu stärken? Vor nicht langer Zeit erzählte mir die Leiterin einer Familienbildungsstätte von freiberuflichen katholischen Honorarkräften, die bestimmte Projekte als Community Organizer gestalten. Im Zuhören wurde mir noch klarer, dass genau solche Berufe an vielen Orten unseres Bistums zur Weiterentwicklung der angezielten vielfältigen und lokalen sowie regionalen Kirchengestalt beitragen könnten.

Community Organizer, Kommunikationsdesignerinnen, Organisationsentwickler, Sozialarbeiter und Sozialpädagoginnen, Therapeutinnen und Psychologen, Historiker und Soziologinnen – entscheidend wird sein, was es zur Weiterentwicklung kirchlicher Welten braucht.

Damit wird auch weiter klar, dass es in diesem Sinne nicht mehr in sich stehende Berufsgruppen geben wird, die automatisch das Setting pastoraler Berufe darstellen. Es braucht multiprofessionelle Teams – aber nicht einfach, weil es so ist. Vorauszusetzen ist natürlich ein synodaler Prozess des gesamten Gottesvolkes – und also eine Vergewisserung der Sendung im Raum der Pfarrei.

Pastorale Entwicklung nach vorne denken und auf diese Weise zu entdecken, welche Dienste es braucht, ist wiederum kein Prozess zentraler Personalabteilungen und auch nicht nur der Hauptberuflichen, sondern eine Prioritätensetzung, die gemeinsam im ganzen Gottesvolk erarbeitet werden will.

Das wird auf lokaler und regionaler Ebene zu entwickeln sein. Was eine Stadtkirchenlandschaft im Unterschied zu einer Landregion braucht, hängt von der Verständigung des gesamten Volkes Gottes ab.

Dazu gehören auch Leitungsdienste. Dann gilt es hier aber zu unterscheiden zwischen der Leitung und Führung pastoraler Teams und der Koordination der Aufgaben – denn diese Aufgabe ist eben nicht die Aufgabe von (weitaus weniger werdenden) Pfarrern, sondern begabter und kompetenter Personen in diesen Teams. Pfarrer hingegen haben in diesem Bild eine andere Aufgabe. Sie sind herausgefordert, immer wieder den Horizont des Evangeliums und die ortskirchlich-weltkirchliche Dimension einzubringen – und damit die sakramentale Dimension.

Natürlich ändern sich noch weitere Parameter: Es wird in diesem Sinne keine »beamtenähnlichen« pastoralen Berufe und ihre Titel mehr geben. Eher wird sich herausstellen, dass Aufgaben für die nächsten maximal zehn Jahre vergeben werden können. Und natürlich stellt sich die Frage, wie Menschen gefunden werden können, die wichtige programmatische Dienste übernehmen können.

Es stellt sich hier dann aber die Frage, wie diese Personen als christliche Persönlichkeiten theologisch zugerüstet werden können. Hier bedarf es anderer Wege als die (halb-)akademischer Studien. Spiritualität, Theologie und pastorale Entwicklungshorizonte führen hier zu anderen, deutlich veränderten Begleit- und Bildungsprozessen. Sicher ist aber schon hier, dass akademische Theologie oder etwa Fernstudien klassischer Formation nicht zielführend sind, zumal die Kandidatinnen und Kandidaten zumeist schon bewährte Engagierte sein werden. Intensiv zu fragen ist nach den Wegen der Berufung für solche – wahrscheinlich nicht zu jungen – Kandidatinnen und Kandidaten. Darüber muss konsequent nachgedacht werden.

Wagemutig weiterdenken: Die Zukunft des sakramentalen Dienstes

Wir haben viel freigeräumt. Aber jetzt gilt es, theologisch und praktisch weiterzudenken. Wie können wir weiter nachdenken und versuchen, das sakramentale Dienstamt neu zu denken? Welches sind die Ausgangspunkte? Wie können die spannenden Fragen im Kontext von sakramentalem Leitungs- und Führungsverständnis bedacht werden – und wie verlassen wir in all dem die bekannten Sackgassen ...?

Zunächst und vor allem ist der Ausgangspunkt eines sakramental verfassten Dienstamtes zu bedenken. Offensichtlich steht dahinter eine schon in der Schrift sich abzeichnende Erfahrung: Dort, wo sich Gemeinden bildeten, weil das Evangelium in seiner Wirkkraft Menschen sammelte und verband, dort entstanden bald die Fragen nach Leitung. In einer charismenorientierten Kirche war dies aber keine hierarchische Frage, sondern eine Frage nach Bewährung und persönlicher Kompetenz. Es bildeten sich Teams von Personen, die in den unterschiedlichsten Weisen beauftragte und akzeptierte Verantwortung wahrnahmen – in den unterschiedlichsten Facetten und Färbungen.

Aber was heißt dann »sakramental«? Und was hätte das mit Leitung zu tun? Biblisch findet sich natürlich keine theologische Fachreflexion, die mit dem Begriff des »Sakramentalen« zu tun hätte – die Sache hingegen ist deutlich präsent – und wird auch in ihrer später missbrauchten Machtambivalenz deutlich.

Grunderfahrung des Sakramentalen

Zwei Beispiele und eine Grundentscheidung spiegeln die Grunderfahrungen der ersten Gemeinden wieder. Im Zusammenhang mit der Frage, wer Jesus wirklich ist, weist Jesus Petrus darauf hin, dass sein Bekenntnis gar nicht »aus seiner Erkenntniskraft« kommt: »Diese Erkenntnis hat dir mein Vater im Himmel gegeben, von sich aus kommt ein Mensch nicht zu dieser Einsicht.« Und er fährt fort: »Ich sage dir: Du bist Petrus. Auf diesen Felsen werde ich meine Gemeinde bauen, und selbst die Macht des Todes wird sie nicht besiegen können. Ich werde dir die Schlüssel zu Gottes himmlischem Reich geben. Was du auf der Erde binden wirst, das soll auch im Himmel gebunden sein. Und was du auf der Erde lösen wirst, das soll auch im Himmel gelöst sein ...«

Natürlich, im Hören mit einem bestimmten Horizont machtförmiger Denkformen und einer Rückübertragung klerikaler Standeswirklichkeit – da könnte wirklich Machtgebrauch im Sinne einer jesuanisch übertragenen Vollmacht verstanden werden – und ehrlicherweise: Das war und ist auch oft noch so.

Aber es entspricht nicht der Logik des Evangeliums. Denn gerade hier wird ja deutlich, dass gar nichts aus menschlicher Machtfülle geschieht, eher umgekehrt: Hier wird deutlich, dass das Handeln des Simon eben nicht »seines« ist, sondern pure Gnade. Und auch seine Persönlichkeit wird aus dieser Gnadenperspektive heraus erst zum »Fels«. Es geht eben – und das liest man weiter in der

Geschichte des Petrus – nicht um eine stabile Persönlichkeit, sondern um eine Berufungsgeschichte, die verwandelt. Und die »Kirche«, die sich hier gründet, ist bleibend »seine Kirche«: die Kirche, in der Herr Jesus Subjekt bleibt, und auf diesem Horizont geht es nicht um Legitimation kirchlicher Macht, sondern darum, die Indienstnahme durch einen anderen ernst zu nehmen.

Höchst ambivalent ist das alles, weil natürlich eine Machtübergabe lesbar wird – doch geht es nur darum, dass die Wirklichkeit des Himmelreichs sich allen erschließen soll durch jene, die in den Dienst genommen werden.

So lese ich es auch bei Johannes. Am Abend der Auferstehung tritt Jesus in die Mitte seiner Jünger: »Jesus sagte noch einmal: ›Friede sei mit euch! Wie mich der Vater gesandt hat, so sende ich jetzt euch!‹ Nach diesen Worten hauchte er sie an und sprach: ›Empfangt den Heiligen Geist! Wem ihr die Sünden erlasst, dem sind sie erlassen. Und wem ihr die Schuld nicht vergebt, der bleibt schuldig‹« (Joh 20,21ff).

Die Gemeinschaft, die später die Kirche sein wird, konstituiert sich durch das Kommen des Auferstandenen, der Frieden stiftet und Sendung auf den Weg bringt. Sie besteht genau in jener versöhnenden Gabe des Geistes. Sie wird nicht in die Hände der Jüngerinnen und Jünger gelegt, damit diese eventuell entscheiden könnten, wann und ob sie – machtvoll – Versöhnung gewähren könnten – ihre Sendung besteht eben genau darin, etwas zu tun, was nur als Geschenk Gottes wirksam werden kann.

Genau darin besteht nun die Sakramentalität des Kircheseins und ihrer missionarischen Natur: Es ist gegebene Gabe. Und es bleibt immer Indienstnahme für diese Gabe.

Radikale Hingabe

Dass in einem Denkansatz, der Gnade als empfangenen Besitz sehen kann und daraus schließt, dass Macht übertragen wurde, Asymmetrien entstehen – bis hin zur Idee, dass Amtsträger die Macht hätten, die Sakramente aus eigener (übertragener) Vollmacht zu verwalten –, hat nun nichts mit diesem Evangelium zu tun, sondern mit der imperial-hierarchischen Bildwelt, die sich nicht mehr vom Evangelium verwandeln lässt.

Denn das ist eine Grundentscheidung, die wesentlich zum Evangelium gehört – die das Evangelium ist: »Ihr wisst, wie die Großen und Mächtigen dieser Welt ihre Völker unterdrücken. Wer die Macht hat, nutzt sie rücksichtslos aus. Aber so soll es bei euch nicht sein! Im Gegenteil: Wer groß sein will, der soll den anderen dienen.«

Diese Grundhaltung macht deutlich, dass »Dienst« noch radikaler gelesen werden muss: Es geht nicht um Machtverschleierung, sondern um eine Indienstnahme und Hingabe. Es gehört zu der großen Tragik der Wirkungsgeschichte des Evangeliums, dass sakramentale Gnade – als Handeln des Menschen, in dem Gott Gnade schenkt – mit machtorientierten Bildern verknüpft wurde.

Wie lässt sich heute – im Bewusstsein dieser Perspektive – sakramentales Leitungshandeln und Ordination jenseits der viel zu gewohnten Machtkategorien denken?

Eine südafrikanische Vision

Es ist schon lange her: Paul Zulehner hatte schon 2003 mit dem großen Visionär Fritz Lobinger den ordinierten Dienst gemeinsam in die Zukunft gedacht. Was damals für unseren deutschen Sprachraum neu war, hatte Lobinger schon in den 80er-Jahren gedacht – auf dem Hintergrund einer einfachen Erfahrung: Dort, wo Gemeinden und Gemeinschaften sich jenseits der alten Muster einer klerikalen Kirche entwickeln, wo selbstbewusste örtliche Gemeinschaften und Gemeinden in verbindlicher Weise Verantwortliche wählen und dies durch gute Begleitung und angemessene Zurüstung unterstützt wird, entsteht eine kirchliche Wirklichkeit, in der viele Verantwortung tragen und die gesamte Gemeinschaft letztlich Verantwortung für die Sendung der Kirche trägt.

Wieso könnten solche in längeren Entwicklungswegen gereifte Gemeinden nicht »Älteste« zu Priestern, Priesterinnen vorschlagen und ihnen eine lokale Ordination ermöglichen? Ist das theologisch denkbar? Welche Hindernisse gibt es hier eigentlich noch?

Zweifellos würde das – wie schon beschrieben – lokale Kirchenentwicklungsprozesse voraussetzen, die aber, davon bin ich fest überzeugt, tatsächlich eine hohe Resonanz hervorbringen würden, sind doch viele engagierte und suchende Christen genau in dieser Perspektive ansprechbar. Von selbst allerdings wird dies nicht gelingen – denn dazu sind viele Bilder noch zu stark.

Gemeinsam Verantwortung übernehmen

Die Ordination von ehrenamtlichen Teams würde darüber hinaus viele scheinbar normative Konstanten des ordinierten Amtes als nicht zwingend gesetzt erweisen: Wieso eigentlich müssen und sollten Priesterdienste hauptberuflich sein? Wieso müssen wir eigentlich auf Einzelpersonen setzen? Was wäre denn die Aufgabe solcher »Teams of elders« – »Leutepriester«? Könnte die »Amtszeit« nicht begrenzt werden?

Bevor hier wieder sofort die Bedenkenträger die Oberhand gewinnen – ich orientiere mich nicht an einem »Ersatzbild« klerikaler Kirche, die jetzt auf engagierte Ehrenamtliche heruntergebrochen wird. Der Ausgangspunkt ist gerade umgekehrt: Die Vitalität und Lebendigkeit einer Gemeinschaft von Glaubenden zeigt sich dort, wo gemeinsam Verantwortung getragen wird. Dort, wo Gemeinden und Gemeinschaften die Perspektive der Gabenorientierung und der Partizipation eingeschlagen haben, wo Leitungsverantwortung von Teams wahrgenommen wird, dort ist denkbar, dass sich ein lokales ordiniertes Amt entwickelt.

Aber wenn ich in einer solchen Perspektive denken möchte, sind im Vorfeld spannende Fragen zu klären. Zunächst geht es einmal fundamental darum, den sakramentalen Leitungsdienst theologisch aufzuarbeiten: Warum eigentlich braucht es ein sakramentales Leitungsamt, und was unterscheidet ein sakramentales Leitungsverständnis von den notwendigen organisatorischen Kompetenzen der Leitung? Wie ist zu verstehen, dass solche sakramentalen Leitungsdienste nicht von Einzelnen vollzogen werden – warum ein Team? Hinzu kommt eine weitere neue Frage: Worin liegt der Unterschied zwischen lokalen Presbyterien (den ordinierten Teams vor Ort) und den diözesanen Presbyterien?

Wozu wir (in Zukunft) Priester brauchen?

Wie hat sich – im Ausgang der biblischen Grundperspektive – eigentlich die theologische Idee eines sakramentalen Dienstes, des sakramentalen Ordo, des Priestertums des Dienstes entwickelt?

Es ist klar: Der Priester ist kein Vermittler zu Gott hin. Es gibt nur einen Priester – Christus: Er schenkt sich uns. Deswegen ist es fatal, ungebrochen von »Priestern« zu sprechen. Aber das erweist sich auch als inkorrekt im Blick auf unsere theologische Tradition: Hier wird ja vom Sakrament des Ordo (einer sakramentalen Ordnung) gesprochen, vom Priestertum des Dienstes.

Dies zu betonen, ist deshalb wichtig, damit es nicht zu Missverständnissen kommt. Nach biblischer Theologie und katholischer Tradition gibt es nur einen Priester – Christus: Gott selbst schenkt sich in seinem Sohn ein für alle Mal, es braucht keine andere Vermittlung als diese – er ist der Priester.

Und wir alle werden in seiner Liebe so tief erreicht und verwandelt, dass wir alle in Christus »vermitteln«, was Gott verschenkt hat: seine erneuernde Liebe. Was hier beschrieben ist, erwächst aus der Kraft der Taufe und macht auch deutlich, dass die Kirche als Volk Gottes eigentlich jenes »Werkzeug und Instrument« ist, durch das Christus handelt, eint, heilt, erneuert. Insofern wird deutlich, dass es nichts »Höheres« gibt als diese Partizipation und Teilhabe – und dies die eigentliche Sendung der Kirche ist. Von daher ist der ordinierte Dienst dieser Sendung untergeordnet, soll nur ermöglichen, vorbereiten.

Denn die Erfahrung der Sendungsgemeinschaft, der »mission shaped church«, lebt und wird kraftvoll durch die immer erneuerte Gegenwart des Ursprungs in ihr. Ohne ihren Ursprung verlieren das Zeugnis und die Sendung ihre Kraft. Ich bin geneigt, diese Gebundenheit an die ursprüngliche Gegenwart des Christus, aus der alle Kraft zur Sendung kommt, mit der Erfahrung des sakramentalen Dienstes zu verknüpfen. Denn die entscheidende Frage ist die nach dem »Warum« sakramentaler Ordination.

Kein »Mehr«

Ein Text aus dem Konzil hat mir in den vergangenen Jahren geholfen. In »Lumen Gentium« 10 heißt es: *»Das gemeinsame Priestertum der Gläubigen aber und das Priestertum des Dienstes, das heißt das hierarchische Priestertum, unterscheiden sich zwar dem Wesen und nicht bloß dem Grade nach. Dennoch sind sie einander zugeordnet: Das eine wie das andere nämlich nimmt je auf besondere Weise am Priestertum Christi teil. Der Amtspriester nämlich bildet kraft seiner heiligen Gewalt, die er innehat, das priesterliche Volk heran und leitet es ...«*

Die Worte kommen schwergewichtig daher, sind Ergebnis langer Diskussion und natürlich »kirchlich verschwurbelt«. Was wird hier – in einfacher Sprache – eigentlich gesagt? Der Kontext ist wichtig. Hier geht es um die Würde des Gottesvolkes, des von Gott gesammelten Volkes. In der Textgeschichte der Kirchenkonstitution des Zweiten Vatikanischen Konzils und überhaupt der Geschichte des Konzils ist deutlich, dass es einen entscheidenden Wendepunkt, einen wichtigen Paradigmenwechsel im Denken der Kirche gegeben hat. Die vorbereitenden Entwürfe führten genau jenen klerus- und institutionszentrierten Ansatz weiter, der schon die Rezeptionsgeschichte des I. Vatikanums gekennzeichnet hatte. Und – gerade auch im Gefolge der geiststarken Aufbrüche in der Liturgiebewegung, des biblischen Ressourcements und der Ökumenischen Bewegung erwuchs ein neues Paradigma, das von der Taufe, von der Gleichwürdigkeit aller Getauften her dachte. Jenseits von Klerikalismus und Triumphalismus verdichtete sich das Kirchenverständnis in einem sakramentalen Horizont: Kirche ereignet sich dort, wo Menschen die Erfahrung der Gegenwart Gottes unter den Menschen erleben – dort wird Kirche zum Zeichen und Werkzeug. Diese Wirklichkeit betrifft das ganze Volk Gottes, das hier eben nicht als Standeskirche konzipiert wird.

Aber welche Rolle spielt der sakramentale priesterliche Dienst in diesem priesterlichen Volk? Das Konzil vermeidet programmatisch und deutlich genau jene binäre und damit oft zugleich auch machtkonzentrierte Logik. Wenn hier davon gesprochen wird, dass dieser sakramentale Dienst »dem Wesen nach« verschieden ist, entkommt er dieser Logik: Es geht nicht um ein Mehr an Kompetenz, ein Mehr an Vollmacht, ein Mehr an priesterlicher Wirklichkeit – sondern um eine andere Dimension, die nicht in Konkurrenz steht.

Deswegen: Das Ringen um die Identität des priesterlichen Dienstes läuft immer dann in ausweglose Sackgassen und führt zu theologischen Kurzschlüssen, wenn – wie auf einem Rechenschieber (wer so was noch kennt) – die jeweiligen Einflusssphären miteinander abgestimmt werden. Es geht auch nicht darum, wer »mehr« Einfluss und Macht hat. Es geht offensichtlich um etwas ganz anderes.

Dienst im Gottesvolk für das Gottesvolk

Vielleicht liegt in der Benennung die eigentliche Herausforderung: Es geht um einen Dienst im Gottesvolk für das Gottesvolk. Sie gehören zusammen, sie wurzeln in Christus – aber der Dienst besteht darin, mit »heiliger Gewalt« das Gottesvolk heranzubilden. Das aber hat – trotz der verwendeten Sprachspiele – nichts mit Macht und Überwältigung zu tun. Heilige Gewalt ist die Macht des gegenwärtigen Christus, der mit seinem Geist das Volk Gottes zusammenruft, kräftigt und gestaltet. Es ist nicht der Priester, der dies tut – es ist immer Christus selbst.

Von daher ist es ein (vielleicht weit verbreitetes) Missverständnis, das Tun des sakramental ordinierten Amtsträgers zu verstehen als das Tun im Blick auf Gemeindeaufbau und Leitung durch diese Personen. Darum aber geht es nicht!

Die Kraft Christi will und muss immer wieder gegenwärtig sein und werden, und diese Vergegenwärtigung will absichern, dass die Kirche eben nicht Verein oder Ergebnis der Kraftanstrengungen von Menschen ist, sondern gnadenhaft. Ökumenisch gesprochen: Damit gilt, dass allein die Gnade gilt, dass allein die Schrift, dass allein der Glaube ins Spiel kommt, braucht es eine personale Instanz, die den Raum für eine Kirche schafft, die allein aus Gnade lebt, Kreatur des Wortes Gottes ist und sich aus Glauben konstituiert.

Diese Personen, die zu einer solchen Aufgabe »bestellt« werden (so sagt es das 2. Hochgebet), werden sakramental ordiniert, um deutlich zu machen, dass ihr Tun eben nicht ihr Tun ist, sondern vergewissert, dass es immer Christus selbst ist, der sein Volk nährt, der zu seinem Volk spricht und der es leitet und aufbaut.

Klingt immer noch komplex, macht aber deutlich, worum es dann konkret gehen muss. Wenn hier nämlich das tiefe »Warum« des ordinierten Dienstes liegt, dann kann jetzt beschrieben werden, was dies konkret bedeutet – und was es nicht bedeutet.

Noch einmal auf den Punkt gebracht: Leitung in der sakramentalen Perspektive

Was unterscheidet also den sakramentalen Leitungsdienst von den vielfältigen Leitungskompetenzen so vieler Geschwister im Glauben? Und ist es zwingend, dass ein Priester die charismatischen Leitungsgaben oder erworbenen Kompetenzen in seiner Person vereinen muss?

Ich erinnere mich sehr eindrücklich an eine typische römisch-deutsche Dynamik, die uns in den Sommerferien 2020 erreichte. Zuerst und vor allem in Deutschland ein vollmundiges Nachdenken über Gemeindeleitung mit irreführenden Schlagzeilen. Auch Bischöfe waren daran beteiligt. In einigen Diözesen wurde stolz vermeldet, dass nun auch Frauen Pfarreien leiten würden – sie seien endlich beauftragt worden. Nur dass das nicht stimmte und sich als Populismus entpuppte: Die Bischöfe hatten lediglich für ihr Bistum einen Mangel an Pfarrern diagnostiziert und sich vom Kirchenrecht inspirieren lassen. Im CIC § 517,2 wird benannt, dass in einem solchen Fall der Bischof selbst die Pfarrei leitet – und diesen Auftrag an eine Gruppe oder an Einzelne weitergibt, die von einem moderierenden Priester begleitet werden.

Wer so verschleiernd den Leitungsdienst nivelliert, der muss wissen, dass er nun zwischen die Fronten gerät: Auf der einen Seite wird dann – theologisch untermauert – gefragt werden, warum dies nur in seltenen Fällen geschieht. Müssten nicht Leitungspositionen in Pfarreien strikt nach Fähigkeiten besetzt werden – wenn es im Einzelfall möglich ist, dann wird dies doch gern zur Regel. Das geschieht um so leichter, als im deutschen Sprachraum die Rechtsform der Kirchengemeinde oft gleichgesetzt wird mit dem, was Pfarrei theologisch bedeutet.

Und jetzt wird es spannend. Denn es wird auch hier deutlich, dass »Pfarrei« letztlich als Verwaltungseinheit verstanden wird. Im deutschen Sprachraum versteht man Pfarrei in der Regel als territoriales Verwaltungskonstrukt mit zahlreichen Einrichtungen und Vereinen – und wieso kann dies nicht durch Hauptberufliche und Engagierte geleitet werden? Diese Frage wird noch drängender, wenn beim synodalen Weg intensiv über Macht diskutiert wird, die auf möglichst alle verteilt werden soll.

Und darauf gab es eine Reaktion: Im Sommer 2020 veröffentlichte die Kongregation für den Klerus eine Instruktion über die missionarische Ausrichtung der Pfarrei und die Leitung der Pfarrei. Der Aufschrei war wie gewohnt groß – und es ergoss sich ein erneuter

Shitstorm Richtung Rom. Gründlich lesen und verstehen, das war allerdings nur in seltenen Fällen gegeben.

Ich habe mich gefragt, was inmitten der regressiv auslegbaren scholastischen Theologie, die im deutschsprachigen Raum nur missverstanden werden kann (und warum muss man sie dann verwenden?), dem undifferenzierten Verstehen von Leitung und den missverständlichen Begriffschaos um das Verstehen von Pfarrei, eigentlich gemeint sein kann – vor allem im Blick auf unser Fragen nach dem sakramentalen Leitungsdienst.

Das Dokument der Kleruskongregation ist aber – jenseits seiner wenig kommunikativen und beziehungsorientierten Logik – für unseren Zusammenhang wichtig. Denn vielleicht beschreibt es doch exakter als gedacht die Frage nach dem sakramentalen Leitungsdienst.

Denn das wird sichtbar, wenn wir zuerst – wie Lobinger – ausgehen von der lebendigen Wirklichkeit des Volkes Gottes. Im Anschluss an »Evangelii Gaudium« wird die Pfarrei – wir werden darauf noch eingehen – nämlich seinerseits als sakramental gegründete Sendungsgemeinschaft gesehen. Für die »Römer« geht es zuerst nicht um Territorium und nicht um Verwaltung. Es geht nicht um eine Sozialgestalt der Kirchengemeinde – und auch nicht um Macht, sondern um Sendung: Wie kann das Evangelium allen Menschen verkündet werden und das wirksam? Hier geht es eben nicht um die Verwaltung eines mittelständischen Unternehmens und auch nicht um die Bestandswahrung einer pastoralen Wirklichkeit, sondern eher um die Frage, wie die Kraft des Evangeliums wirksam werden kann – für alle.

In diesem Zusammenhang unterstreicht das Dokument den sakramentalen Leitungsdienst des Pfarrers. Es geht eben nicht um die gesamte Bilderwelt hierarchischer Machtfülle, es geht nicht um organisatorische Leitungsaufgaben – es geht schlichtweg darum, wie im Volk Gottes Personen dafür einstehen, dass es Christus ist, dessen Evangelium überall gehört werden und wirken kann.

Relationale Sendungsverhältnisse

Sakramentale Ordination wird also jenseits klerikaler Bilderwelt und Geschichte – und jenseits der gegenabhängigen Missverständnisse – relationiert und ja, relativiert: Was geschützt werden soll, ist das Geheimnis des geschenkten Ursprungs – die Sakramentalität der Kirche, die sich in der Feier der Sakramente und also im liturgischen Vollzug am deutlichsten zeigt.

Und was heißt dann »sakramentale Leitung? »Bist du bereit, das Priesteramt als zuverlässiger Mitarbeiter des Bischofs auszuüben und so unter der Führung des Heiligen Geistes die Gemeinde des Herrn umsichtig zu leiten?« – so fragt der Bischof die Kandidaten für die sakramentale Ordination. Dieser Frage geht einiges voraus: Die Gemeinschaft der Gläubigen hat dem Bischof die Eignung des Kandidaten bestätigt, sodass dieser nun den Kandidaten rufen kann – und dieser hat »Ja« gesagt.

Und es kommt zur den Bereitschaftsfragen, die den Inhalt dessen beschreiben, was mit sakramentalem Leiten gemeint ist: ein komplexes Geschehen, in dem die Gemeinschaft mit dem Bischof, die Führung des Geistes und die Gemeinschaft der Glaubenden konstitutive Rollen spielen.

Würde man es in einfacher Sprache sagen: Es geht darum, dass Christus sein Volk leiten kann. Und dies geschieht in relationalen Sendungsverhältnissen. Nur in einem synodalen Kontext mit der Gesamtkirche und der konkreten Gemeinschaft vor Ort wird es gelingen, dass das Wort Gottes Richtung weist – die Eucharistie Gemeinschaft der Gesendeten wird – und Leitung die Macht des Geistes wirksam macht.

Darum geht es – um nichts weniger. Aber dann wird auch klar, dass dieses Amt, dieser Dienst nur wachsen kann aus der Sehnsucht des Volkes Gottes nach Führung durch den Auferstandenen selbst. Dann lassen sich zwar die Diskussionen um Hierarchie, Macht und Gewaltenteilung, um Gleichberechtigung und Zulassungsbedingungen verstehen, aber sie kämpfen sich ab an einem durch die lange Tradition geprägten Verständnis einer deformierten Gestalt des ordinierten Amtes, und der Kampf dagegen verfängt sich in derselben Logik.

Kommen wir da raus?

Neue Wege wagen

Der Weg ist bereitet. Und eigentlich ist es gar nicht so schwer, nun weiterzudenken. Wer eine nichtklerikale Kirche will, der wird zunächst selbst Abschied nehmen müssen von der eigenen Verfangenheit und Logik. Genau dies wird in der furchtbar fruchtlosen Diskussion nicht erreicht. Genau dies aber wird möglich, wenn wir die Erfahrungen und Reflexionen Lobingers fruchtbar machen.

Das würde nun zuerst heißen, tatsächlich genauer zu entfalten, wie Gemeinschaft und Gemeinde aus der Kraft des Evangeliums gestärkt werden können. Wie schon beschrieben und erprobt, kann es nur darum gehen, den Grund des Glaubens erfahrbar zu machen und eine radikale Charismenorientierung zu entfalten, die erfahrbar macht, dass es nicht um vereinshafte Machtverteilungen, sondern um ein sendungsorientiertes Zusammenwirken der Gaben geht.

Plausibel würde in diesem Zusammenhang die Frage nach dem Garanten des Ursprungs und seiner Vergegenwärtigung. Sinnvoll sind dabei Berufungsprozesse innerhalb der örtlichen Gemeinschaften. Die Wege dafür sind – ich habe es beschrieben – gebahnt. Natürlich würde das bedeuten, dass Bischöfe Teams von Männern und Frauen ordinieren, diesen Dienst zu tun. Lokale Presbyterien, die vielleicht auf Zeit beauftragt werden, sind dann die Regel. Mir scheint die »Erfindung« eines solchen Ordinationsdienstes stimmig. Ein solcher gemeinschaftlicher Dienst an der Ursprungswirklichkeit des Glaubens ermöglicht es auch, die gewachsene Theologie des Ordo nicht zu relativieren, sondern neu einzubinden in seiner eigentlichen Bewegungsrichtung.

Denn eine ortskirchliche Ordinationspraxis auf der Ebene des Bistums setzt diese lokale Ordinationswirklichkeit voraus. Hier können nämlich (Kandidatinnen und) Kandidaten gefunden werden, die dann – mit dem Bischof – genau jene Gesamtperspektive der Kirchenentwicklung als ihre Aufgabe sehen: Sie wären dafür gesandt, eine solche Entwicklung und Wirksamkeit des Evangeliums weiterzuführen, die Einheit der Kirche sichtbar zu machen, die Sendung zu vergewissern und synodale Entdeckungsprozesse zu gestalten.

Wie von selbst würde sich ergeben, wie solche Berufungen sich zeigen und bewähren. Es ist ja wohl leicht denkbar, dass sie aus der lokalen Wirklichkeit der örtlichen Presbyterien herauswachsen. Sowohl die Gemeinden als auch die diözesanen (Presbyterinnen und) Presbyter könnten leicht entdecken, wer für einen solchen diözesanen Dienst in Frage kommt: Die lokalen Erfahrungen würden zu einem notwendigen Assessmentprozess.

Es würde noch deutlicher werden, dass Berufung sich zeigt als ein kommunionales Geschehen auf unterschiedlichsten Ebenen. Immer aber ginge es darum, dass Menschen die Möglichkeit und

Gabe entdecken, die in den Charismen der Getauften verborgen sind. Und ja, die Radikalität des Evangeliums wirkt sich dann existenziell in der Hingabeleidenschaft des Christen, der Christin aus – und ist »Zulassungsbedingung«, die sich im Leben des Christen, der Christin inmitten der Gemeinschaft bewährt. Wir rücken hier nah an die Logik der neutestamentlichen Pastoralbriefe an Timotheus und Titus im Zusammenhang mit ihrer Berufung..

Und umgekehrt zeigt sich, dass mit einer solchen Logik die formale Erfüllung von Voraussetzungen (»Pflichtzölibat«) absurd und skurril wirkt. Natürlich war Ehelosigkeit um des Reiches Gottes willen auch nie so gedacht, aber die aseptische Trennung des werdenden Klerus und seine exklusiven Berufungsmerkmale förderten einen solchen Eindruck, vor allem dann, wenn daran gedacht war, einen Stand, eine Position, eine Macht zu erwerben – und dafür Lebensentscheidungen eingetauscht werden sollten.

Positiv steckt ja in der Ehelosigkeit um des Reiches Gottes willen eine Freiheit, das Reich Gottes zu verkündigen mit einer Radikalität, die sich in Arbeitsverhältnissen nicht wiederspiegelt. Aber das könnten Eheleute auch. Diese positive Freiheit, die Radikalität der Leidenschaft für das Evangelium – in welcher Lebensform auch immer – bleibt zu erkennen und erspüren vom Volk Gottes, das inmitten der vielen Gaben jene entdecken kann, die dann zum sakramentalen Leitungsdienst geeignet scheinen.

Aber das heißt, dass letztlich solche Aufgaben von jungen Frauen und Männern eher selten wahrgenommen werden könnten. Das Recruiting zum sakramentalen Dienst orientierte sich dann eher an Menschen, die sich in der Nachfolge, mit ihren Gaben und inmitten der Gemeinden und Gemeinschaften bewähren.

In der Logik nachchristlicher Diaspora wird dies eher bei gereiften Persönlichkeiten der Fall sein, die auch einen gewachsenen Weg der Christusnachfolge gegangen sind. Mit anderen Worten:

Die Emphase auf der Findung von jungen Kandidatinnen und Kandidaten verschiebt sich. Zunächst und vor allem wird es in Gemeinden und Kirchen darum gehen müssen, Wege der Christusnachfolge und Persönlichkeitsentwicklung zu ermöglichen, aus denen sich Charismen und Dienste einbringen und entfalten können – und lokale Presbyterien entfaltet werden.

Die theologische und praktische Zurüstung wird auf verschiedenen Ebenen – lokal, regional – geschehen und andere Zugänge zur Theologie bedeuten, wie wir sie ja schon beschrieben haben.

Ökumene im Zukunfts-
beschleuniger – Von der
Freiheit der postkonfessionellen
Katholiken und Katholikinnen

Ich bin aufgewachsen in meiner katholischen Tradition. Und ich bin aufgewachsen in ökumenischer Gemeinschaft. Immer waren wir wenige Katholiken unter vielen evangelischen Geschwistern. In meiner Klasse am Gymnasium waren wir vielleicht zwei oder drei.

Dann habe ich angefangen, Theologie zu studieren. Schon damals war ich existenziell gepackt von zwei Grunderfahrungen: dass Er, Christus, uns zur Gemeinschaft ruft, zu einer Liebe zueinander, deren innerste und erfahrbare Mitte Er selbst ist – und Er selbst Einheit stiftet – und dass Er, gerade auch durch sein Kreuz, diesen Weg eröffnet. Das hat mich innerlich bewegt.

Und siehe da: Die Theologen, auf die ich stieß, waren allesamt evangelisch. Kazoh Kitamori, Jürgen Moltmann und Eberhard Jüngel wurden die, mit denen ich meine Grunderfahrung ins Wort bringen konnte, denken lernte und immer mehr begeistert war. Und dann stieß ich auf Dietrich Bonhoeffer – und der begeisterte mich vollends. Ich kann wirklich sagen, dass er mein Kirchenvater wurde.

Und weil das, was mich zuinnerst bewegt, begeistert und führt, gar nicht konfessionell ist, sondern ursprünglich und präkonfessionell, habe ich immer darauf gehört, hingespürt, ob ich die ursprünglich einende Grundwirklichkeit in den Begegnungen, Aktionen, Veranstaltungen erfahren kann. Immer dort, wo es so war, wo die Geistkraft der Liebe verbindet, wo wir hingerissen werden von der Leidenschaft für die Menschen, wo sich diese Mystik des Zwischen ereignet, der heilige Raum der Begegnung von seinem Licht erhellt wird – da habe ich ursprünglich Kirche erfahren, da gab es keine Trennung mehr.

Das wurde später konkreter. Immer wieder konnte ich die Erfahrung dieser ursprünglichen Verbundenheit machen: bei den Leitungskongressen von Willow Creek, bei den Begegnungen auf evangelischen Kirchentagen – und vor allem ab dem Moment, wo wir gemeinsam entdeckten, dass uns Christinnen und Christen dieselben Fragen bewegen – oder eigentlich nur eine einzige: Wie können wir heute das Evangelium verkünden, leben, bezeugen? An diesem Punkt wurde deutlich, dass die Energie der Tiefe in unserem Zwischen die Leidenschaft für diese Fragen befeuerte.

Das befeuerte unseren Weg hin zu dem wunderbaren Kongress Kirchehoch2. Wir erfuhren, dass unsere Erfahrung eben nicht nur unsere Erfahrung ist, sondern eigentlich die Erfahrung und Sehnsucht vieler, die aufbrechen wollen in eine weitere Zukunft. Dieser Weg geht immer weiter, auch in neuen Formen.

Ich erinnere mich noch wie heute, als wir im Kloster Wülfinghausen diesen Kongress reflektierten. Wir spürten, dass wir am Anfang eines Weges stehen, und wir spürten auch, dass dieser Kongress uns auch geistvoll zusammengebunden hat. Fast spürten wir so etwas wie einen Gründungsmoment. Sind wir nicht so etwas wie eine neue monastische Gemeinschaft? Dieser Geist durchzog unser Reden, Beten, Teilen und auch die Feier der Liturgie. Als ich erlebte, wie Nora Steen das Abendmahl feierte, wurde mir noch einmal tiefer deutlich, dass wir gewiss unterschiedliche Zugänge zum Abendmahl, zur Eucharistie, zu Amt und Kirche haben – aber eigentlich, in den unterschiedlichen Perspektiven und Gedankengefügen, immer auf die gleiche Grunderfahrung zielen: auf den Herrn, der uns beschenkt mit sich selbst, dem wir danken und preisen.

Und ja, es ist Kirche – überall da, wo Er unter uns ist, wo wir Sein Wort hören. Und in diesen Erfahrungen, die in den letzten Jahren immer mehr und immer dichter wurden, wurde mir ein deduktiver theologischer Zugang immer fragwürdiger, der die Defizienz zum eigenen Modell zum Maß der Wahrheit macht. Das kann nicht stimmen – oder besser: Es stimmt nur, wenn ich einen einzigen Denkweg für den richtigen halte. Klar, wenn ich normativ scholastisch denke, dann werden andere Gedanken demgegenüber nicht genau dieselbe Aussagekraft haben – aber: Muss ich so denken?

Und umgekehrt sagt mir meine Erfahrung: Wenn ich in Liturgien meiner evangelischen Geschwister bin, etwa im Wal in Hannover oder in Laucha an der Unstrut, in Drübeck und anderswo – wie könnte ich ernsthaft auf den Gedanken kommen, dass hier nicht mit großer Tiefe und Ernsthaftigkeit Eucharistie gefeiert wird? Dass hier nicht ein sakramentales Grundverstehen vorliegt und dass die Ordination eine Theologie des Amtes beinhaltet, die ich stimmig finde und nachvollziehen kann, auch wenn ich zutiefst eingegründet und überzeugt von der Theologie des Amtes meiner Tradition bin? Ja, und das habe ich genauso auch erlebt mit meinen orthodoxen und freikirchlichen Freunden und Geschwistern.

Postkonfessionelle Orientierung

Ich habe von mir erzählt. Und ich bin gerne katholisch. Ich liebe meine Tradition. Und ich will nichts anderes. Denn hier habe ich genau jenes Leben gefunden, das mich erfüllt hat und erfüllt. Meine konfessionelle Prägung ermöglichte mir eine Ursprungserfahrung des Auferstandenen. Und so will ich gar nicht anders sein.

Um mich herum sehe ich viele Menschen auf der Suche. Ich bin beeindruckt, weil sie auf sehr unterschiedliche Weise genau diesen Ursprung und die kraftvolle Energie des Auferstandenen suchen. Und an unterschiedlichen Orten finden.

Nach dem Ende pfarrgemeindlicher Sozialgehege haben schon meine Eltern zu Beginn der 70er-Jahre den Gottesdienstort gewechselt. Das machten damals viele, weil eben in einer Zentralkirche in Göttingen echte »Nahrung« aus dem Wort Gottes zu finden war, während in der Heimatpfarrei sich eine vereinsartige Struktur bildete, die mit klaren Zugehörigkeitslogiken funktionierte. Und es war eben jener Hunger, der auch mich weitertrieb, zu Erneuerungsgemeinschaften, zur diözesanen Jugendarbeit, zu Katholikentagen. Sehnsucht nach Fülle war und ist das vernünftige Kriterium. Es schafft neue dynamische und fluide Kirchenerfahrungen – aber mehr geht auch nicht. Gottes Gegenwart spielt sich zu, schenkt sich und ist nicht festhaltbar. Und auch Gemeinschaft ist ein Geschenk, keine Vorgegebenheit – und sie hat keine Garantie, denn Gottes Gegenwart ist immer nur im Jetzt erfahrbar.

Die Zeit einer klassisch konfessionellen Prägung ist jedoch eigentlich vorbei. Immer weniger Menschen können dankbar sein für eine konfessionell und traditionsgebundene Einführung in das Geheimnis des christlichen Glaubens. Das geschieht so nicht mehr – dafür fehlen einfach die Voraussetzungen. Seit inzwischen mehr als drei Generationen nimmt die Zahl von Eltern und Kindern zu, die jenseits gelegentlicher Kontakte wenig konfessionelle Prägungen haben.

Daran hat niemand Schuld. Das volkskirchliche Gestaltgefüge hat keinen Blick für prägende Einführungsprozesse in die christliche Tradition, setzt diese sich kontrafaktisch voraus – und alle Beteiligten sind immer wieder neu erschüttert, wenn jemand noch nie von Jesus gehört hat und kein Kreuzzeichen kennt. Und das heißt natürlich auch, dass die Unterschiede von katholisch und evangelisch kaum bekannt sind und bewusst werden können – müssen sie es?

Ich erinnere mich an eine bemerkenswerte Untersuchung zur Erstkommunionkatechese, die vor einigen Jahren auf der Ebene der Deutschen Bischofskonferenz durchgeführt wurde. Es wurde deutlich, dass auf der Ebene der katholischen Glaubensinhalte und vor allem der Fragen im Zusammenhang mit dem Fest, das da eigentlich gefeiert wird, kaum Erkenntnisgewinne zu verzeichnen waren.

Und wenn aus den evangelischen Kirchen Christen und Christinnen wegen katholischer Skandale austreten, wird deutlich, dass für viele Getaufte diese Unterschiede nicht so relevant sind. Ist das negativ?

Die ökumenische Bewegung der vergangenen Jahrzehnte, die Durchmischung der konfessionellen Monokulturen seit dem Zweiten Weltkrieg, die Mobilität der Berufsbiografien und vor allem die Entscheidungsfreiheit in Sachen Glauben haben die konfessionellen Dialektiken verändert. Immer deutlicher wird und wurde schon, dass wir als Christen auf demselben Glaubensbekenntnis gründen. Wir erkennen einander wechselseitig als Geschwister im Glauben an. Selbst wenn wir unterschiedliche Glaubenstraditionen haben, das gemeinsame Beten und Handeln, das gemeinsame Zeugnis vom Evangelium prägt uns.

Beide Konfessionen ähneln sich darin, dass die eigenen »Alleinstellungsmerkmale« den Christen der eigenen wie der fremden Konfession kaum verständlich zu machen sind. Nur eine sehr kleine Zahl von Eingeweihten »kennt sich aus«. Damit reflektiert sich die Auflösung der konfessionellen Milieus, und das hat starke Auswirkungen:

Die ökumenischen Zentren, die seit den 70er-Jahren entstanden sind, suchen heute in einer Zeit der Postkonfessionalität nach einem neuen Profil. Die ökumenischen Gottesdienste sind eigentlich eine Selbstverständlichkeit. Der Horizont hat sich verändert: Es geht um eine selbstverständliche Ökumene der Sendung und um eine Ökumene des Ursprungs. Aber was bedeutet das konkret?

Konfessionelle Mischwirtschaft

Es ist eher häufig, dass in den Gottesdiensten der Kirchen auch Christinnen und Christen anderer Konfessionen mitfeiern. Wem etwa liturgische Feiern in ihrer tiefen mystagogischen Dimension wichtig werden, der wird auch als evangelischer Christ gerne in katholischen Gottesdiensten mitfeiern. Und umgekehrt ist es nicht selten, dass sich – auch wegen einer guten Predigt oder der Musik – katholische Christen in evangelischen Gemeinden zu Hause fühlen. Kein Problem.

Wenn also auf der einen Seite die Mehrzahl der Getauften beider Konfessionen kaum die Unterschiede benennen können, die ihre Konfessionen ausmachen, und auf der anderen Seite jene, die sehr bewusst katholisch oder evangelisch sind, sehr frei wählen, wie und wo sie sich engagieren, wo und wie sie feiern, dann wird die postkonfessionelle Perspektive deutlich, in der sich Katholiken wie Protestantinnen heute bewegen. Wichtig dabei ist, dass all dies nicht als Bedrohung, sondern als Bereicherung gesehen wird.

Praktische Herausforderungen für die Theologie

Ich erinnere mich sehr gut. Im März 2020 durfte ich – knapp vor dem ersten Lockdown – bei einer ökumenischen Tagung der Arbeitsgemeinschaft Christlicher Kirchen (ACK) Baden-Württemberg über diese Erfahrungen erzählen. Auf der einen Seite sind Konfessionen nicht mehr trennend, weil die Unterschiede irrelevant geworden sind. Auf der anderen Seite verbinden unterschiedliche Traditionen auch Menschen, die sich doch bewusst in ihren Konfessionen gründen. Was bedeutet das?

Es spricht für den Glaubenssinn der Christinnen und Christen, bei ihrem inneren Suchen äußere Grenzen zu überwinden und sich auf die anderen Glaubenstraditionen einzulassen, weil und insofern in ihnen Christusbegegnung erfahrbar werden kann. Natürlich ist das keine institutionelle Lösung und muss es auch nicht sein, denn es geht um persönliche Entscheidungen und Wachstumswege.

Vielleicht wird diese postkonfessionelle Formatierung des christlichen Glaubens am deutlichsten in Taizé, einer evangelischen und ökumenischen geistlichen Gemeinschaft. Dreimal am Tag versammeln sich alle Jugendlichen und Erwachsenen mit den Brüdern von Taizé zum Gebet – und einmal in der Woche zur gemeinsamen Feier der Eucharistie. Es ist eine katholische Eucharistiefeier, an der viele evangelische Geschwister teilnehmen. Es wird jedoch niemand aufgefordert, das zu tun. Es wird – wie immer in Taizé – allen Teilnehmenden zugetraut, eine persönliche Entscheidung im Gewissen zu fällen.

Was in Taizé seit Jahrzehnten eingeübt und zugetraut wird, ereignet sich auch in der kirchlichen Praxis. Es bezeichnet eine Umkehrung des Glaubensverständnisses: Auf den Wachstumswegen des Glaubens suchen sich Menschen – unter der Führung des Geistes Gottes – ihren Weg, der biografisch auch sehr wohl dazu führen kann, dass sie im Laufe ihres Glaubenslebens in unterschiedlichen Traditionen ein Zuhause finden.

Was bedeutet das für die Zukunft der wertvollen theologischen Traditionen der Konfessionen? Sind sie nicht mehr wichtig? Können sie aufgegeben werden? Braucht es sie noch?

Ich lese: »Jesus Christus hat den Menschen, die in seinem Namen zusammenkommen, seine Gegenwart versprochen (vgl. Mt 18,20). Er ist mitten unter ihnen, wenn auch nur zwei oder drei sich in seinem Namen versammeln. Er vergegenwärtigt sich ihnen, wenn sie Gottesdienst feiern und sich ihm hörend, singend und betend zuwenden. Er verbindet sich mit ihnen, wenn Menschen die Taufe im Namen des Vaters, des Sohnes und des Heiligen Geistes empfangen, und macht sie zu Gliedern an seinem Leib. Er schenkt sich ihnen in seinem für alle dahingegebenen Leib und Blut, wenn sie sich unter dem Wort seiner Verheißung das Brot und den Wein in der eucharistischen Feier des Abendmahls reichen lassen. Die Zusage seiner Gegenwart überschreitet und umgreift die konfessionellen Grenzen und Grenzziehungen, die der sichtbaren Einheit der Christenheit im Wege stehen – sie ist in tiefstem Sinn ökumenisch. Sie ist der tragende Grund jedes einzelnen Schrittes der Ökumene. Wo auch immer Katholiken, Orthodoxe, Lutheraner, Reformierte, Anglikaner, Baptisten, Methodisten in seinem Namen versammelt sind, erfüllt Christus sein Versprechen, mitten unter ihnen zu sein. Sie sind und werden in Christus geeint, lange bevor sie sich über die konkreten Formen ihrer Einheit verständigt haben und zu konkreten Verabredungen ihres Miteinanders gelangt sind« (Ökumenischer Arbeitskreis (ÖAK), Gemeinsam am Tisch des Herrn, 2.1f).

Es wäre auseinanderzuhalten, was zum einen der gemeinsame Ursprung und die geistgewirkte Einheit in Christus bewirkt – und zugleich die Geschichte ernst zu nehmen, die durch die Jahrhunderte unterschiedliche Erkenntnisse und Theologien hervorgebracht hat – und mit ihnen die institutionellen Verfasstheiten und die unterschiedlichen Traditionen.

Und von daher werden die unterschiedlichen Zugangswege, Deutungsmuster und Theologien durchaus an Gewicht gewinnen, vor allem dann, wenn durch sie der Reichtum des Geheimnisses Christi offenbar wird. Denn es geht schon lange nicht mehr darum, den jeweils anderen Glaubensgeschwistern und ihren konfessionellen Traditionen und Institutionen den rechten Glauben mit Verweis auf die eigene Wahrheit abzusprechen. Es wird immer deutlicher, dass wir – alle Christinnen und Christen – auf einem gemeinsamen Lernweg zur Wahrheit sind.

Amt? Eucharistie? Kirche?

In den vergangenen Jahrzehnten haben sich Theologinnen und Theologen beider großen Konfessionen gemüht, einen Konsens zu erreichen, indem geschichtliche Missverständnisse aufgearbeitet und die dialektischen Profilierungen zugunsten einer Hermeneutik des Verstehens aufgelöst wurden. Aber es bleibt, dass aus verschiedenen Blickwinkeln immer noch Unterschiede wahrgenommen werden. Das hängt mit Bildern des jeweils Anderen zusammen, mit nicht verständlichen Praktiken und Traditionen – und vor allem mit Denkarchitekturen.

In all diesen ökumenischen Denkprozessen wird aber auch sichtbar, dass immer dann, wenn der gemeinsame Ursprung in den Begegnungen erfahrbar wird, wenn eine Ökumene des Miteinander-Lebens und gemeinsamer spiritueller Vertiefung angestrebt und gelebt wird, es dann durch die Christuserfahrung möglich wird, die unterschiedlichen Zuwege zum Ursprungsgeheimnis zu würdigen. Es kann kein Zweifel daran bestehen, dass in den Kirchen vor allem die Fragen nach dem ordinierten Amt, nach der tiefen theologischen Gründung der Kirche im Wort Gottes und der Eucharistie zwar in unterschiedlichen Grammatiken entwickelt werden. Bei allen geht es aber letztlich darum, das unbegreifliche Geheimnis Gottes zu bewohnen, aus ihm zu leben und durch es verwandelt zu werden.

Die Auseinandersetzungen um ökumenische Konsensversuche machen aber deutlich, dass allein die Erkenntnis der Übereinstimmung nicht genügt. Vielleicht bedarf es hier anderer Zugänge, um nicht an der Unmöglichkeit zu scheitern, dass unterschiedliche Denkwege durch ihre Prägung durch sehr spezifische theologische Grammatiken und vor allem durch eine traditionsgeprägte Praxis dazu führen, sich letztlich nicht verständigen zu können.

Mir scheint es hier wichtig, das Paradigma des Gegenüberstehens auszutauschen gegen ein Paradigma des gemeinsamen Wachstumsweges. Die befreiende Wahrheit liegt nicht im gegenseitigen Argwohn oder in dem Versuch, Positionen abzugleichen, sondern darin, im gemeinsamen Handeln, Beten, Austauschen eine Erfahrung des Reichtums der Gegenwart Christi zu machen.

Genau das scheint mir die Perspektive zu sein, die in der frühchristlichen Tradition formuliert wird: »Ich bitte Gott, euch aus seinem unerschöpflichen Reichtum Kraft zu schenken, damit ihr durch seinen Geist innerlich stark werdet. Mein Gebet ist, dass Christus durch den Glauben in euch lebt. In seiner Liebe sollt ihr fest verwurzelt sein: Auf sie sollt ihr bauen. Denn nur so könnt ihr mit allen anderen Christen die Breite und die Länge und die Höhe und die Tiefe seiner Liebe erfahren. Ja, ich bete, dass ihr diese Liebe immer tiefer versteht. Die wir doch mit unserem Verstand niemals ganz fassen können. Dann werdet ihr auch immer mehr mit dem ganzen Reichtum des Lebens erfüllt sein, der bei Gott zu finden ist …«, so formuliert sinngemäß der Epheserbrief (Eph 3,16-19), und der Kolosserbrief klingt wie ein Echo darauf:»Ja, ich setze mich dafür ein, dass Gott euch allen Mut und Kraft gibt und euch in seiner Liebe zusammenhält. Er schenke euch ein tiefes Verstehen. Damit ihr die ganze Größe seines Geheimnisses erkennt. Dieses Geheimnis ist Christus. In ihm sind alle Schätze der Weisheit und Erkenntnis verborgen« (Kol 2,2-3).

Hier wird eine ökumenische Perspektive beschreibbar, die der wachsenden Vielfalt und Vielfältigkeit unserer Zeiten und dem Reichtum gewachsener Traditionen entgegenkommt.

Traditionen neu zu leben und zu denken wagen

Was heißt das konkret? Wir leben in neuen Zeiten. Die Coronapandemie wird uns beschleunigt verändern. Auch in diesem Zusammenhang. Es liegt klar auf der Hand, dass sich die Gestalt der Kirche wandelt. Von einer stark amtsorientierten und kleruszentrierten Versorgungskirche mit einer bestimmten Amtstheologie und einem institutionsfixierten Kirchenverständnis entwickelt sie sich hin in Richtung eines stärker von Partizipation und Taufwürde geprägten Christseins, das ein viel fluideres Kirchenverständnis in den Vordergrund rückt. Es kommt vor allem darauf an, die lebensspendende Erfahrung Seiner Gegenwart heute in Erfahrung zu bringen und zu bezeugen. Amt und Ordination, Eucharistie und Sakrament werden aber gerade nicht überflüssig, ganz im Gegenteil. Angesichts der Erfahrungen neuer Aufbrüche, angesichts der Zeichen der Zeit und angesichts derjenigen Erfahrungen, die im Volk Gottes in den letzten Jahren hervorgewachsen und gereift sind, könnte die Entwicklungsbeschleunigung, die diese ungeahnte Coronakatastrophe bewirkt, dazu herausfordern, unsere eigenen wertvollen theologischen Traditionen von der Wurzel neu zu denken. Ja, denn Radikalität und Tiefe werden gesucht werden, wenn wir uns weiter auf den Weg machen, Christsein in die Zukunft zu entwerfen.

Und das bedeutet auch, die gewachsenen Traditionen neu zu leben wagen: Die verschiedenen Vollzüge der Volksfrömmigkeit, neue Varianten und Adaptionen dieser Traditionen sind mit Überzeugung zu leben. Vor allem dürfen wir uns daranmachen, diese Formen und Vollzüge, die Liturgien und Prozessionen neu auf ihren Ursprung zu befragen. Überall, wo mit Leidenschaft und Überzeugung die Begegnung mit Christus die Formen und Gestaltwerdungen prägt, werden wir einander als im Geist verbunden erkennen – und können die Vielfalt als »Katholizität«, als »generous orthodoxy« der konfessionellen Traditionen verstehen.

Hierbei muss berücksichtigt werden, dass natürlich nicht jede Form für jeden und jede zugänglich ist. Und so wird die profilierte und identitätsstarke Vielfalt der Traditionen den Resonanzraum des Evangeliums in einer postmodernen und postkonfessionellen Zeit bereichern – ohne dass die vielen Konfessionen und ihre Traditionen gegeneinanderstehen.

Im Gegenteil: In der wechselseitigen Annahme werden sie ermöglichen, dass jede Tradition von der Wurzel neu bedacht und gestaltet werden kann, jene Wurzel, die uns auch in Zukunft zusammenhält und weiterführt zur tieferen Erkenntnis der Wahrheit.

In Kurzfassung: In postkonfessionellen Zeiten bezeugen unterschiedliche Traditionen den unerschöpflichen Reichtum des Evangeliums und fordern zugleich heraus, den eigenen Weg und die eigene Identität in Christus zu finden.

Und die Auseinandersetzungen?

Das klingt gut – aber es braucht dazu noch längerer Wege, wie es scheint. Auf allen Ebenen gibt es noch karikierende Bilder vom Anderen, exkludierende Wahrheitsansprüche und den Versuch, die eigene Denkform unfehlbar wirken zu lassen.

Das macht noch einmal deutlich, dass der Weg in eine Freiheit nur gemeinsam gelingen kann. Denn das wäre – egal auf welcher Seite – kein Weg, wenn Wahrheit klerikal wird und somit als Machtinstrument fungiert. Sie ist lebendig, sie ist die lebenspendende Gegenwart des Geistes Gottes – und sie führt alle gemeinsam zu jener Mitte, aus der wir schöpfen und die alle Menschen suchen.

Die Basics des Evangeliums neu entdecken – Eine Relecture christlicher Moral jenseits der politischen und theologischen Kampfgräben

Es ist noch gar nicht lange her. Oder doch? Papst Franziskus berief 2014 eine Synode über die Familie ein. Keine Frage, das ist ein drängendes Thema. Und eine Gelegenheit zur weltweiten Auseinandersetzung, denn es kann kein Zweifel daran bestehen, dass in einer weltweiten Perspektive gesellschaftliche Entwicklungen in hoher Ungleichzeitigkeit voranschreiten. Und damit stellten sich im Vorfeld schon entscheidende Fragen: Wie sollte man den »Ist-Stand« und die Entwicklung beschreiben?

Statt der eingespurten Regel zu folgen, die Bischofskonferenzen um Antworten auf Leitfragen zu bitten, folgte der Papst seiner Idee der Synodalität. Eine Idee, die Synodalität neu prägen kann, denn anstatt allgemeine Problemanzeigen »von oben« weiter »nach oben« zu reichen, wollte der Papst ernst machen mit einer Vision des Zweiten Vatikanischen Konzils.

Synodalität in nuce

Die Pastoralkonstitution formuliert: »Im Glauben daran, dass es vom Geist des Herrn geführt wird, der den Erdkreis erfüllt, bemüht sich das Volk Gottes, in den Ereignissen, Bedürfnissen und Wünschen, die es zusammen mit den übrigen Menschen unserer Zeit teilt, zu unterscheiden, was darin wahre Zeichen der Gegenwart oder der Absicht Gottes sind« (GS 11).

Hier liegt eine Herausforderung: Die Synodalität in ihrer ursprünglichen Perspektive ist weder dogmatisch noch politisch, sondern schlichtweg ein geistvoller Prozess, der offensichtlich nicht einfach zu lernen ist. Denn hier werden implizite Voraussetzungen gemacht, die eine neue Freiheit ermöglichen, aber gegen eine bestimmte Version kirchlicher Systemgefüge und ihrem eingeübten fruchtlosen Procedere stehen.

Der Erdkreis ist vom Geist erfüllt ... das ist der Auftakt und das eigentlich zugrunde liegende Bild einer schon erlösten Menschheit. Nein, es geht hier nicht um Optimismus und banale Oberflächlichkeit. Es geht nicht darum, die Ambivalenzen dieser Weltwirklichkeit, ihre Gebrochenheit und Verfangenheit in Versuchungen zu verleugnen. Das ist selbstredend, weil jeder von uns diese gebrochene und dunkle Weltperspektive in sich und um sich herum erfährt. Hier ist aber zunächst ein Glaubensakzent gesetzt: ein Glauben in eine Welt, die auf dem Weg der Freiheit ist, weil sie erlöst wurde. Das Wirken des Geistes inmitten der schrecklichen Ungerechtigkeit und des Bösen ist unaufhaltsam, ist gegenwärtig und erfüllt den Erdkreis auch mitten im Dunkel.

Damit verbietet sich eine einseitige Sicht: Nein, die Welt geht gerade nicht unter; nein, die Welt ist nicht einfachhin moralisch zweifelhaft und – in Europa – einfach gegenüber Werten relativistisch und dem Evangelium fern geworden. Und vor allem: Es lässt sich nicht einfach aburteilend über eine Welt und über Menschen reden, die in einer Dynamik des Geistes unterwegs sind. Von welcher Position könnte das geschehen? Es wäre ein »wissendes Oben«, das jenseits dieser Entwicklungsprozesse stünde. Aber wer steht außerhalb dieser Dynamik und ihrer Ambivalenz? »Wer von euch ohne Ambivalenz, Zerbrochenheit, Blindheit, Sünde ist, der werfe den ersten Stein«, könnte man formulieren.

Hier entsteht also eine erste Frage, die für eine postklerikale Kirche von immenser Wichtigkeit ist: Was bedeutet ein »Lehramt« in einer solchen theologischen Perspektive? Wie kann die bedeutsame theologische Tradition neu gelesen und formuliert werden?

Der Konzilstext in »Gaudium et spes« 11 weist einen spannenden Weg, den er mit der geistvollen Grundperspektive erlöster Welt und ihrem Weg verknüpft: Das Volk Gottes ist geführt vom Heiligen Geist. Das Wissen um diese Führung beschreibt gleichzeitig eine Entwicklung. Dieses Volk inmitten einer geisterfüllten Welt weiß um diese Wirklichkeit, es weiß um seine Führung.

Auch hier finde ich den Horizont entscheidend. Angesichts populistischer Apokalyptik, angesichts wechselseitiger Unterstellungen und Vorwürfe in unserer Kirche, die immer um den richtigen Weg weiß, den der jeweils andere nicht geht; angesichts der verborgenen Agenden und der kaum verborgenen Machtbedürfnisse und -ansprüche, die ein helles Licht auf Klerikalismus und ihre Gegenabhängigkeiten werfen, wählt der Konzilstext einen anderen Weg.

Es ist auch nicht der Weg der richtigen Erkenntnis gegen die verbohrten falschen Erkenntnisse. Es ist eben nicht so einfach. Die Dialektik der richtigen Erkenntnis ist zu optimistisch und übersieht eigene Gefangenheiten: Deswegen ist sie paradoxerweise optimistisch und selbstbewusst. Denn weder Lehramt noch Theologie können und dürfen Wahrheit in Anspruch nehmen, nur weil bestimmte Argumentationsgänge in sich stimmig sind.

Bei all dem fehlt das Volk Gottes. Im Unterschied jedoch zur zuweilen klerikalen, manchmal akademischen Verengung auf die Laien und ihren Glaubenssinn ist hier die Gesamtheit aller Getauften gemeint, die gemeinsam auf dem Weg einer immer unvollkommenen Entdeckung der Wege Gottes sind. Das Prozedere zu gestalten, ist die noch unbekannte Herausforderung ...

Es geht um einen echten Unterscheidungsprozess: Da alle Menschen vom Geist Gottes erfüllt sind, ist in den Ereignissen, Bedürfnissen und Wünschen aller Menschen – zu denen wir Christinnen und Christen ja auch gehören – dieser Weg des Geistes erspürbar. Und die Frage ist, wie wir miteinander darin die Zeichen der Gegenwart Gottes und seines Willens – also seines Weges mit uns entdecken können. Dem Konzil ist bewusst – und es ist seine eigene Erfahrung –, dass das nicht zu einfach ist. Und natürlich ist das mit Auseinandersetzungen auch kämpferischer Art verbunden. Aber es gilt zu lernen, dass Fortschritt und Erkenntnis sich nicht in Machtkämpfen gewinnen lässt – auch nicht, wenn man, aus welchen Gründen auch immer, recht zu haben meint. Das hätte mit synodalen Wegen so gut wie nichts zu tun.

Ein erster Versuch ...

Von daher waren alle überrascht über eine neue Rollenzuschreibung von Lehramt und Theologie. Denn der Papst wollte im Blick auf eine jahrzehntelange Blockade der moralischen Denkwege in Sachen Familie alle Beteiligten fragen. Es hat länger gedauert, bis in Deutschland diese Anregung aufgegriffen wurde. Und ich erinnere mich sehr gut, wie meine Kollegin – mit einer Übersetzung in ein verständliches Deutsch – diese Umfrage im Bistum startete. Zur

Freude und Überraschung antworteten viel mehr Menschen und Familien als ursprünglich gedacht. Die Auswertung der Antworten hat mich sehr beeindruckt und berührt. Ich war beeindruckt von der Gewissheit und Tiefe der Antworten. Nein, nirgends habe ich befürchteten Relativismus wahrgenommen, nirgends eine Leichtfertigkeit im Urteil. Mich hat hingegen berührt, wie aus dem Evangelium heraus und den in ihm verwurzelten Werten Abwägungen getroffen wurden.

Für mich war diese Erfahrung ermutigend und ein Beleg für das freimachende Vertrauen eben des Konzils. Das war aber erst der Anfang. Natürlich hängt viel davon ab, wie diese Erkenntnisse dann eingebracht werden – und ob und wovon die Perspektiven der Zusammenfassung geprägt werden. Welche Theologie, welche bischöfliche Perspektive wurde und wird in solchen Zusammenfassung dann wirksam?

Die Grundfrage auch hier reicht tiefer: Wie viel Vertrauen wird im Volk Gottes ineinander investiert? Dies betrifft alle Seiten. Ich erinnere mich noch sehr gut an das Jahr 2011 – einige Jahre vor der Synode: Bischof Norbert Trelle veröffentlichte sein programmatisches Hirtenwort über die Prozesse Lokaler Kirchenentwicklung.

Wer mit Abstand dieses Hirtenwort liest, der wundert sich nicht, dass das zugrunde liegende Paradigma genau diese Grundhaltung anspricht: Es geht um Vertrauen, um die Zusage des Geistes und die Orientierungen, die Wege weisen können. Es geht aber auch um ein bewusstes und programmatisches Freigeben von Entwicklungsräumen und ein Vertrauen in die Kraft des Geistes. Und deswegen verwundert es auch nicht, dass der längste Abschnitt des Hirtenwortes diese Perspektive ins Wort bringt. Es geht in der Tat zentral um das Vertrauen: »Schnell können unsere Überlegungen wieder dazu verführen, ehrgeizige Pläne und Programme zu entwerfen. Aber nicht wir gestalten die Kirche; der Geist Gottes gestaltet die Kirche, in uns und durch uns. ... Wir werden lernen müssen, das Vertrauen zueinander zu intensivieren. Wo eine einhellige Sichtweise nicht sofort gefunden werden kann, werden wir noch besser als bisher aufeinander hören müssen«, schreibt Bischof Norbert Trelle.

Ich denke, dass in dieser Haltung der Weg in eine neue Freiheit gegeben ist – und der Weg aus einer klerikalen Kirche. Interessanterweise wurde genau dieser Abschnitt nicht rezipiert. Und nicht geglaubt. Das ist auch verständlich. Denn die babylonische Gefangenschaft durch alte klerikale Bilder unterstreicht konstitutives Misstrauen: das klerikale Misstrauen gegenüber denen, die einem anvertraut sind – und die doch schon immer das machen, was sie wollen. Und umgekehrt schlug uns Hildesheimern das Misstrauen immer aus allen Poren entgegen. Paradox, dass dann, wenn keine Pläne vorgegeben werden, gefragt wird, ob Lokale Kirchenentwicklung Raum lässt für lokale Entwicklungen. Nur wenige konnten den Kulturwandel annehmen, der im Zutrauen und in der angebotenen Begleitung für die Charismen am Ort letztlich steckt.

Das ist verständlich. Denn die Erfahrungen der Vergangenheit prägen. Aber gleichzeitig ist auch verständlich, dass in dieser Grundhaltung des kaum verborgenen Misstrauens kein Neuaufbruch möglich ist. Was auf lokaler Ebene schwer gelingt, zeigt sich auch in den wechselseitigen Zuschreibungen auf der deutschen und auf der weltkirchlichen Ebene. Es macht noch einmal deutlich, dass es so nicht geht – nie funktionieren wird. Das Ringen um Wahrheit und Unwahrheit, Machtagenden und -ansprüche, wird ohne Vertrauen ineinander und in die von Gott geführte Zukunft nicht gelingen. Und daran fehlt es. Wie schrecklich, wenn man in den Gefängnissen vergangener Zuschreibungen stecken bleibt. Verlieren tun alle.

»Amoris Laetitia« –
Die Weggestalt des Christwerdens

Die Synode war ein Versuch. Sie war der nicht immer geglückte Versuch, diese Perspektive einzuüben. Mit Papst Franziskus hat in der Tat eine Perspektive Kraft gewonnen, die Wind unter den Flügeln geben kann. Es stellte sich im Vorfeld einerseits deutlich heraus, wie tief geprägt vom Evangelium viele Teilnehmende an der Umfrage antworteten, und zugleich, wie kritisch-eigenständig traditionelle Normen beurteilt werden. Das Verantwortungsbewusstsein der Teilnehmenden machte deutlich, dass ihre Perspektive sich nicht einer engen Normativität verpflichtet fühlt, sondern einer abwägenden Pastoral des Weges.

Hier entstanden dann die Konflikte bei den Bischofssynoden. Dort konnten Bischöfe immer wieder deutlich machen, dass es ihnen nicht um die Veränderung von Normen und Lehren der Kirche ging, sondern um den Umgang mit den existenziellen Herausforderungen. Es gibt eine nicht kleine Gruppe von Hierarchen, die – aufgrund ihrer Vorbildung und ihrer Prägung – diese Unterscheidung immer als bedrohlich für die Lehre der Kirche ansieht. Dennoch: Es ist gerade »Amoris Laetitia«, das postsynodale Schreiben des Papstes, das mit seinem existenziellen Ansatz einen neuen Horizont aufreißt.

Man würde allerdings »Amoris Laetitia« nicht gerecht, sähe man hier nur einen pastoralen Text. Nein, er reicht tiefer, er reicht tief hinein in eine Theologie der Barmherzigkeit, die nicht eine herablassende Pastoral meint, sondern das Wesen Gottes selbst betrifft. Das ist ja die Pointe der Theologie von Jorge Bergoglio: Hier ist es Christus, der sich leidenschaftlich einlässt auf die Zerbrechlichkeit und auf die Sünde der Welt, sie umarmt und so neue Wege zum Leben von jedem zerbrochenen menschlichen Traum ermöglicht. Man könnte sagen: Die Liebe, die Gott ist, will alle erreichen, sie will heilen und alle ins Leben zurückführen.

Umgekehrt verzichtet aber auch »Amoris Laetitia« eben nicht auf das hohe Ideal der Liebe, jeder Liebe – und das reflektiert sich im Herzen der Menschen, die immer, an jedem Ort, von der heilen Liebe träumen und damit die Theologie der Partnerschaft, wie sie die Kirche »von Anfang an« (ja, es geht um Schöpfungstheologie) empfunden hat. Aber auch im Blick auf diesen Anfang wird ja die Zerbrochenheit immer deutlich und schon vom zweiten Anfang,, als Gott dem Menschen ein Leben jenseits des Paradieses ermöglicht, wird deutlich, dass Gott Wege zum Heil eröffnen will.

Notwendende Neuanfänge in »Amoris Laetitia«

»Weder die Gesellschaft, in der wir leben, noch jene, auf die wir zugehen, erlauben ein wahlloses Weiterbestehen von Formen und Modellen der Vergangenheit« (Amoris Laetitia 32), so zitiert zu Beginn der Situationsanalyse der Papst die Bischöfe Spaniens und setzt wenig später fort: Die »übertriebene Idealisierung, vor allem, wenn wir nicht das Vertrauen auf die Gnade wach gerufen haben, hat die Ehe nicht erstrebenswerter und attraktiver gemacht, sondern das völlige Gegenteil bewirkt. Lange Zeit glaubten wir, dass wir allein mit dem Beharren auf doktrinellen, bioethischen und moralischen Fragen, und ohne dazu anzuregen, sich der Gnade zu öffnen, die Familien bereits ausreichend unterstützten, die Bindung der Eheleute festigten und ihr miteinander geteiltes Leben mit Sinn erfüllten« (AL 36f). Aber das Gegenteil war erreicht: »Viele haben nicht das Gefühl, dass die Botschaft der Kirche über Ehe und Familie immer ein deutlicher Abglanz und des Verhaltens Jesu gewesen ist, der zwar ein anspruchsvolles Ideal vorgeschlagen, zugleich aber niemals die mitfühlende Nähe zu den Schwachen wie der Samariterin und der Ehebrecherin verloren hat« (AL 38).

Aus dieser Perspektive, die wir ja schon angedeutet hatten, schaut »Amoris Laetitia« auf mögliche pastorale Perspektiven. Hier wird die neue Perspektive deutlich, die in der Tat aus der Sackgasse zwischen normativer Moral und persönlicher Zerbrochenheit einen Weg zu finden vermag.

Die »Notwendigkeit der Entwicklung neuer pastoraler Methoden« (AL 199) zielt dabei – und hier führt der Papst in eine neue Verantwortung der Ortskirchen – zu unterschiedlichen Lösungen, die nicht mehr universal sein müssen: »Es wird dann die Aufgabe der verschiedenen Gemeinschaften sein, stärker praxisorientierte und wirkungsvolle Vorschläge zu erarbeiten, die sowohl die Lehre der Kirche als auch die Bedürfnisse und Herausforderungen vor Ort berücksichtigen« (AL 199). Dabei geht es immer darum, von der gelebten Wirklichkeit zu einer Lösung voranzuschreiten.

Spannend ist in diesem Zusammenhang auch das nicht weiter entfaltete Kirchenbild. Für »Amoris Laetitia« ist klar, dass es die Aufgabe der Kirche als Ganzes ist, Lösungen und neue Wege zu finden. Ein umfassender Blick auf die Kirche vor Ort – im Horizont Lokaler Kirchenentwicklung – führt hier zu neuen Synergien. So kann – davon ist »Amoris Laetitia« überzeugt – gelten, dass »jede Ehe… eine Heilsgeschichte« ist. »Und das bedeutet, dass man von einer Anfälligkeit ausgeht, die dank der Gabe Gottes und einer kreativen und großherzigen Antwort einer immer tragfähigeren und wertvolleren Wirklichkeit Raum gibt« (AL 220).

Die Zerbrechlichkeit begleiten (AL 291ff)

Genau das ist aber der Ausgangspunkt: Jede Ehe, jede Familie, jede Lebenssituation will als Heilsgeschichte verstanden werden und birgt in sich diese Möglichkeit. Deswegen geht es nicht darum, zu urteilen oder zu exkludieren. Ganz im Gegenteil: Die Kirche – so entwirft der Papst ihr Bild – ist ein Feldlazarett und übernimmt auch dessen Aufgabe: heilen und ins Leben bringen. Deswegen: »Auf dieser Linie schlug der heilige Johannes Paul II. das sogenannte ›Gesetz der Gradualität‹ vor, denn er wusste: Der Mensch ›kennt, liebt und vollbringt ... das sittlich Gute ... in einem stufenweisen Wachsen«« (AL 295). Daraus folgt: »Zwei Arten von Logik ... durchziehen die gesamte Geschichte der Kirche: ausgrenzen und wiedereingliedern ... Der Weg der Kirche ist vom Jerusalemer Konzil an immer der Weg Jesu: der Weg der Barmherzigkeit und der Eingliederung ... Der Weg der Kirche ist der, niemanden auf ewig zu verurteilen, die Barmherzigkeit Gottes über alle Menschen auszugießen, die sie mit ehrlichen Herzen erbitten ... Daher sind ... Urteile zu vermeiden, welche die Komplexität der verschiedenen Situationen nicht berücksichtigen ... Es geht darum, alle einzugliedern ...« (AL 296f).

Der Papst ist sich sehr bewusst, dass er damit polarisiert: »Ich verstehe diejenigen, die eine unerbittlichere Pastoral vorziehen, die keinen Anlass zu irgendeiner Verwirrung gibt. Doch ich glaube ehrlich, dass Jesus Christus eine Kirche möchte, die achtsam gegenüber dem Guten, das der Heilige Geist inmitten der Schwachheit und Hinfälligkeit verbreitet: eine Mutter, die klar ihre objektive Lehre zum Ausdruck bringt und zugleich ›nicht auf das mögliche Gute (verzichtet), auch wenn (sie) Gefahr läuft, sich mit dem Schlamm der Straße zu beschmutzen‹ (Evangelii Gaudium)« (AL 308).

Damit wird das tiefe Verständnis der Barmherzigkeit zum Ausgangspunkt jedes Weges der jeweils neuen Heilsgeschichte von Ehen, Familien, Beziehungen und Einzelnen. Wir werden durch eine solche atemberaubende Freiheit ermutigt, den Weg der Unterscheidung (ein Lieblingswort des Papstes, der ja Jesuit ist) mit den ihnen sich anvertrauenden Klienten und Klientinnen zu gehen. Und dies immer in der Perspektive des Wachsens, des Heilens, auch wenn dies mitten im Zerbrechen von Beziehungen sehr schmerzhafte Wege sein werden.

Segnen dürfen?

#loveisnosin. Seit Wochen fand ich diesen buntgefassten Hashtag bei meinen Facebookfreunden. Und wieder ist es passiert. Oder doch nicht?

Der Reihe nach. Schon lange werden homosexuelle Partnerschaften gesegnet. Es gibt dafür kein feststehendes Ritual. Aber seit mehr als zwanzig Jahren gibt es dafür in vielen Diözesen Ansprechpartner. Und seit Langem gibt es Pfarreien, in denen solche Segnungen gefeiert werden. Und wer könnte einen Segen verweigern, wenn am 14. Februar, dem Valentinstag, Partnerinnen und Partner gesegnet werden wollen? Können also Segensfeiern für Paare, die keine kirchliche Eheschließung feiern können, nicht auch offiziell veranstaltet werden? Wieder assistieren wir an einer spannungsvollen Politisierung, die von allen Seiten als Machtprobe angesehen wird. Haben nicht die Recht, die ein (theologisch begründbares) Recht durchsetzen wollen? Und müsste nicht die Weltkirche (und vor allem Rom) von uns mit neuen Erkenntnissen beglückt werden, auf dass sie erleichtert nickt?

Wer hätte das geglaubt? Ich bin über die grundsätzliche und misstrauende Beziehungslosigkeit und den Erkenntnisoptimismus ernüchtert, mit dem ernsthaft vermutet wird, dass eine bessere Theologie gewinnen kann; dass theologische Hermeneutik und Grundlagenforschung ein neues Lehramt schafft. Ich bin peinlich berührt, dass mithilfe medialer Unterstützung Sieger und Verlierer hervorgebracht werden sollen. Wer dabei verliert, sind aber Menschen, die in ihrer Situation nicht gewürdigt werden.

Und in diesem politischen und machtvollen Rahmen kam jene Antwort aus Rom, die treffsicher in derselben Logik antwortet: Die Segnung homosexueller Partnerschaften sei nicht möglich – es gibt nur eine Ehe, und die ist heterosexuell. Was für eine Antwort. Auch hier steckt eine Theologie dahinter, eine andere Denkform und eine andere Hermeneutik – und auch hier wird machtvoll weitergespielt. Kein Gewinner. Nirgends.

Ich – wir alle – hatten es kommen sehen, als ich einsehen durfte, was in überdiözesanen Arbeitsgruppen erarbeitet worden war. Ja, in der Tat: Es sollte ein eigenes Ritual geben. Und ja: Die Pfadabhängigkeit der Liturgie von der Eheliturgie war mit den Händen zu greifen. Kann es nicht anders gehen, fragten wir uns? Könnte es nicht einfach ein diözesanes Zusatzheft zum Benediktionale geben als »Segen für Paare«? Könnten wir nicht einfach offensiver Ansprechpartner benennen? Muss man unbedingt in einen Machtdiskurs einsteigen?

Und dann noch im Feld des Segens? Hier geht es doch nicht darum, Sakramente zu feiern. Hier geht es schlicht darum, Gottes Zusage wirksam werden zu lassen. Nach meinem Verständnis ist ein Segen immer ein wirksames Handeln, weil ich, meine Mutter, wer immer in der Zusage des Segens erfahrbar werden lässt, was Gott in seiner unbedingten Liebe zusagt, zugesagt hat, zusagen will. Eine partnerschaftliche Beziehung unter den Segen zu stellen, das heißt nichts anderes, als darauf zu vertrauen, dass jeder Weg echter Liebe – wie immer ich ihn aus meiner Sicht beurteilen mag – von seinem Geist geführt werden wird. Und um diese Gewissheit, um diesen Glauben geht es.

Das ist in der Tat sakramental, aber es ist etwas anderes als ein Ehesakrament, eines jener sieben Heilszeichen, die – inklusiv – das Heilshandeln Gottes bezeugen wollen. Auch in den Sakramenten ist Segen mitgesprochen: die Hoffnung, die Erwartung, die Sehnsucht, dass Liebe trägt und getragen wird.

Mich beeindruckt die viel zu routinierte Diskussion um Macht und Rechthaben sehr wenig, mich beeindrucken nicht die theologischen Erkenntnisse, die auf dem Bildhorizont klassischer Dialektiken in keiner Weise Fortschritt bringen werden. Mich berührt ebenso peinlich eine Theologie, die auf dem Hintergrund bestimmter philosophisch-theologischer Denkformen schnell und machtvoll Wahrheit beansprucht und traditionell festschreibt – und damit desorientierend wirkt.

Aber wie schon bei der Umfrage zur Familiensynode beeindruckt mich die Reaktion vieler Christinnen und Christen stark. Wenn es gelingen würde (und leider ist das eher selten), einfach jenseits politischer Machtspiele hier den geistgewirkten Sensus fidei wahrnehmen zu können, wäre das Zusammen von Erfahrungen, theologischer Suche und Basisorientierung der Auftakt zu einer synodalen Erfahrung. Wäre. Es wäre ein Weg in eine gelassene und spannende Freiheit.

Eine Weggestalt zwischen Basics und Zukunftsorientierung

»Die Kirche hat nicht die Vollmacht«, so heißt es gerne vom Lehramt. Es geht nicht, weil es nicht geht. Vielleicht könnte man diese recht formale Antwort neu verstehen und leben lernen. Wir sind als Kirchen durch die Jahrhunderte geprägt – durch das Evangelium und unseren zeitgeistig begrenzten Weg durch die Zeit. Und ja, auch in der Vergangenheit hat Gottes Geist geweht. Auch in der Vergangenheit der Kirche führte Gott sein Volk. Und auch in der Vergangenheit war der Ursprung des Evangeliums lebendig und gegenwärtig – inmitten der Grenzen zeitgeistiger und geschichtlicher Blindheit.

Das führt zur Wertschätzung der Tradition. Und in einer Kultur des Vertrauens und des gemeinsamen Such-Weges des gesamten Gottesvolkes – jenseits davon ist es nicht meine Kirche – braucht es einerseits diese Würdigung. Aber sie besteht nicht darin, die Tradition als Zement zu verstehen, mit dem wir uns einmauern. Es geht um die jeweils neue Verflüssigung und Relecture dieses Schatzes.

Das Lehramt in der eigenen Machtverfangenheit immer nur als »weiße alte Männer« zu bezeichnen, stets an grundsätzlich klerikale Weltverschwörungsfantasien zum Machterhalt über die armen Laien zu glauben – das gehört zu den ungeheuerlichen Gegenabhängigkeiten in einem klerikalen Mindset, das nicht nur in der Oben-Unten-Logik funktioniert, sondern auch andersherum.

Es ist schrecklich, doch es stimmt leider viel zu oft: Ich erlebe und erleide Machtlust in Gemeinden, in Bistümern und weltkirchlich als Gefügeroutine. Das ekelt mich an – und ich verstehe nicht, wie jemand – sei es Mann oder Frau – tatsächlich in so einem Spiel mitspielen mag. So wird es keine Lösung geben – eher eine Spaltung als Frucht heilloser Dialektik

Eine Wegspur könnte in der synodalen Perspektive und den Erwägungen von Papst Franziskus anders gelegt werden. Wir sind als Volk Gottes gemeinsam auf einem Suchweg. Vom Geist Gottes geführt brauchen wir immer wieder neue gemeinsame Prozesse, die es uns ermöglichen, ein »Mehr« an Wahrheit zu entdecken. Wir bedürfen des Vertrauens in den Geist Gottes, der uns heute wie zu allen Zeiten Neues entdecken lässt, was wir auch wollen.

Zugleich aber braucht es eine Relecture: Hinzuschauen auf die Basics, auf die Grundbotschaft des Evangeliums von der unbedingten Liebe Gottes, die Menschen in einer universalen Geschwisterlichkeit verbindet und aus der unbegrenzten Barmherzigkeit des Gekreuzigten und Auferstandenen für alle Menschen erwächst. Nein, der Anfang des Christentums ist eben nicht Moral, sondern unbedingte Zusage jenseits von Gut und Böse, Tod und Leben umfassend, Sünde erlösend. Nur auf diesem Betriebssystem lässt sich eine christliche Moral lesen – nur auf diesem Hintergrund ist Liebe nie eine Sünde. Dieser »Bund« ist irreversibel geschlossen.

Die Geschichte des Christentums und seine Wirksamkeit zeigt Erkenntnis und Blindheit, Fortschritt und Vergessen – und auch die Herausforderung neuer, nie gekannter Fragen. Das muss so sein, denn wir bewahren nicht verzweifelt den Ursprung, weil er uns abhandenkommen könnte. Im Gegenteil entfaltet sich, so sieht es die Schrift, dieser Ursprung immer weiter: »Wenn aber der Geist der Wahrheit kommt, hilft er euch dabei, die Wahrheit vollständig zu erfassen« (Joh 16,13). Wahrheit – auch moralische Erkenntnis – ist also ein Zukunftsprojekt eines sich entfaltenden Ursprungs. Es geht darum, in der Treue zum lebendigen Ursprung zu entdecken, was Gottes Geist angesichts neuer Fragen und Situationen uns heute sagt.

Unvermutet begegnet mir das Bild für genau diese Beschreibung der apostolisch gegründeten Amtlichkeit im Petersdom: In der Apsis findet sich die von Bernini gestaltete Kathedra Petri mit dem besonderen Glasfenster des Heiligen Geistes. Aber man muss das ganze Kunstwerk ansehen. Luftig ist die Kathedra aufgehängt zwischen dem einwehenden Geist Gottes und der Trägerschaft großer östlicher und westlicher Kirchenväter und ihren – sehr verschiedenen – theologischen Traditionen, die ihrerseits im Evangelium gründen. Und dennoch ist die Kathedra der Ort, an dem das Evangelium neu verkündet werden muss.

Damit aber wäre die Aufgabe klar: den Maßstab des Ursprungs geistvoll ins Spiel und zur Geltung bringen, in der unfehlbaren Fehlbarkeit des Gottesvolkes und für das Gottesvolk. So formuliert Papst Franziskus den Hirtendienst und damit auch die Rolle eines Lehramtes: »… mit dem Volk Gottes gehen: vor ihm, um den Weg zu zeigen, mitten unter ihm, um seine Einheit zu stärken; hinter ihm, um sicher zu stellen, dass keiner auf der Strecke bleibt, aber vor allem, um seinem Gespür für neue Wege zu folgen« (Predigt von Papst Franziskus an die neuen Bischöfe am 19. September 2013).

Nur in diesem Dreiklang liegt eine Perspektive. Und es wird offenbar, dass nur die wechselseitige Beziehung und das grundlegende Vertrauen einen solchen Weg möglich machen. Das Gespür für neue Wege wird hier deutlich im Glaubenssinn des Gottesvolkes verortet.

Und deswegen ist eine umfassende Synodalität des Volkes auch unbedingt nötig. Wir müssen sie lernen – und ehrlich gesagt wirkt auf mich die bisherige Rätestruktur bis hin zur Zusammensetzung des synodalen Weges weithin noch wie ein parlamentarisches Parteiensystem und reflektiert eben ein Kirchenbild, aus dem sich die Protagonisten, seien es Bischöfe oder das Zentralkomitee der deutschen Katholiken, immer noch nicht lösen können.

Diese Verfangenheit in allzu klassische Dialektiken führt auch immer wieder zur Frage, ob es hier genügend geistlich zugeht. Ich finde diese Frage irreführend, die auch mit Gebeten und Innehalten nicht aufgelöst würde. Ungeistlich wäre eine Anlage eines synodalen Weges, der ohne die grundlegende Gemeinschaft als Volk Gottes Kirche nur als das Gegenüber von Institution und Volk sehen kann. Das Unbehagen, hier geistliche Prozesse zu installieren, liegt nicht an der Frömmigkeit, den Gottesdiensten oder geistlichen Momenten, sondern an der systemischen Grundlegung.

Die Theologie – Glaube, der die Vernunft sucht – spielt hier eine spannende Rolle. Im Volk Gottes und seiner Praxis verwurzelt, ist sie dem Wahrheitsfindungsprozess verpflichtet und unterstützt den Aushandlungs- und Bewertungsprozess, den wir synodal nennen. Das ist spannend, denn es ist nicht eine zweite, diesmal professionell gegründete Überlegenheitsstruktur, sondern ein Dienst am gemeinsamen Suchen der Wahrheit.

Die Wahrheit entdecken

Nur die Wahrheit macht frei – aber niemand hat sie. Sie ereignet sich, auch in Fragen christlicher Moral, in dem gemeinsamen Suchweg. Im Vertrauen auf den Geist Gottes und in der Vergegenwärtigung der gemeinsamen ursprünglichen Mitte unseres Glaubens können dann auch neue Wege gefunden werden. Und in der Tat sind diese Wahrheiten, diese Einsichten nie anders als kontextuell zu bekommen. Und es braucht jene franziskanische Freiheit, die regionale Kulturen aushält und beginnt, die spannungsreiche und unabgeschlossene Vielfalt auszuhalten. Weltkirche zu denunzieren, weil sie nicht denkt, wie ich denke, gehört zu den Blasiertheiten einer Kultur, ebenso wie umgekehrt der Verweis auf die »eine Lehre«, regionale Versuche der Findung sittlicher Einsichten abzuwerten. Beides ist nicht katholisch. Wir haben noch einen langen

Weg vor uns. Mir will scheinen, dass wir gerade im Hinblick auf die christliche Moral echte Synodalität in einer Grundkultur des Vertrauens lernen müssen. Wir sind aber erst am Anfang, weil wir alle viel zu routiniert in alte Bilder einer klerikalen Kirche zurückfallen. So oder so.

Jenseits der selbstgesetzten Schranken – Aufbruch zu einer neuen liturgischen Freiheit

Unsere Gefangenschaften sind hausgemacht. Und eine der wirksamsten Fesseln ist das Bild vom Sonntagsgottesdienst. Die Fesseln und Handschellen kommen von mehreren Seiten. Auf der einen Seite besetzen uns Bilder: »Mensch, war das schön, als die ersten Reihen noch voller Kinder waren – und alle, Junge und Alte, in den Messen am Sonntag waren und die jungen Familien dabei waren ...« Das waren in der Tat andere Zeiten: Kinder wurden in den ersten Reihen oder neben ihren Eltern gebändigt, während der Pfarrer und die Ministranten die Messe zelebrierten. Und alle waren ruhig und still.

Wann das genauso war, wie es die Bilder suggerieren? Ich kann mich nicht erinnern – aber die Idee, dass in einer Gemeinde wie in einer Familie alle brav und begeistert in den Bänken sitzen, ist eine Retro-Utopie. Ich möchte nicht vertiefen, unter welchen eingehegten Rahmenbedingungen das Sonntagsgebot funktionieren kann. Und die Zeiten sind lange vorbei.

Aber das hat bis heute liturgisch Konsequenzen: Da es nämlich drauf ankommt, dass »die Jugend« (welche?) und die »jungen Familien« (welche?) einen attraktiven Gottesdienst präsentiert bekommen, wird die Feier der Eucharistie zum Instrument interessanter

Inszenierungen, die zwar nur bestimmte (Vorbereitungs-)Gruppen spannend finden – aber alle müssen da durch. Und der Effekt ist sehr begrenzt. Kindergottesdienste am Sonntagvormittag mit wenigen Kindern sind schon ein wenig schräg. Warum muss das so sein? Ach ja, und theologisch muss das so sein. Ich sehe mahnend gehobene Zeigefinger. Es gibt ein Sonntagsgebot – und es gibt eine wunderbare eucharistische Theologie: Kirche, so unsere theologische Grundüberzeugung, wächst aus der Eucharistie. Und ja: die Eucharistie, die Höhepunkt und Quelle, Quelle und Höhepunkt des gesamten kirchlichen Lebens ist. Und deswegen ist es unaufgebbar, dass wir alle zur Eucharistie einladen müssen, auch durchaus nachdrücklich. Und ja, das Sonntagsgebot als kirchliches Gebot gilt weiterhin. Die »Sonntagspflicht« ist nicht aufgehoben.

Gleichzeitig nehmen viele nicht wahr, was seit Jahrzehnten geschieht: Christinnen und Christen aller Konfessionen spüren nicht, dass dieser Rahmen und diese Feier für sie irgendeine Relevanz hat. Seit dem Beginn der 60er-Jahre sinkt die Zahl der Mitfeiernden am Sonntagsgottesdienst pro Jahr um ein halbes Prozent. Das ist inzwischen seit sechzig Jahren so. Und der Durchschnitt der Mitfeiernden ist leicht älter.

Das liegt nicht an Gottesdienstzeiten, es liegt nicht an schlechten Päpsten oder Bischöfen – aber es liegt an der Relevanz und der gefühlten Bedeutung (und so auch an der inneren Qualität) der Gottesdienste. Und es liegt an einer völlig veränderten Glaubenssituation und einem völlig anderen sozialen Rahmen für die christliche Welt. Das übersehen wir geflissentlich gerne. Denn es konfrontiert uns nicht nur mit internen Diskussionen um die Qualität von Predigten (ein großes Problem), der Frage nach der Musik (sind neue geistliche Lieder nicht schreckliche Oldies auf dem Level der deutschen Schlagerparade?), der unverständlichen Liturgiesprache (aber Banalisierung macht es auch nicht besser) und der liturgischen Sitzordnung (warum sollten Bankreihen zu einer Mahlfeier geeignet sein?) – es konfrontiert uns mit einer radikalen Herausforderung: dem Ende einer gewohnten Selbstverständlichkeit. Wir sind konfrontiert mit einer neuen Unübersichtlichkeit. Wir könnten sie deuten, wenn wir Lust auf Zukunft und auf Freiheit hätten. Und tatsächlich könnten wir sogar dann unsere wertvollsten theologischen Traditionen neu verstehen. Wenn wir wollten …

Die Pandemie-Offenbarung

Ich darf – ein wenig anonym – dabei sein: Gewissermaßen über die Schultern schaue ich zu. Eine Jugendliche hat die Initiative ergriffen, und etwa zwanzig Familien sind zu Beginn der Osternacht via Zoom versammelt. Jede Familie, jede Person ist irgendwie beteiligt. Lesungen finden statt, es werden Taizé-Lieder eingespielt oder gesungen und Gebete gebetet. Eine fröhliche Stimmung ist im Netz zu spüren. Hier feiern Menschen, hier freuen sie sich miteinander, hören das Wort – erfahren Ostern. Ich bin beeindruckt und freue mich auch.

Und genau das höre ich von vielen anderen Erfahrungen, im Bistum Hildesheim und darüber hinaus: Podcasts, Online-Meditationen, Gottesdienste und Osternächte über Zoom führen zu einer intensiven Mitfeier, zu einer echten gemeinschaftlichen Erfahrung. Und nicht nur junge Menschen, digital Natives, leben und erleben so Gottesdienste.

Und wie großartig ist der Gründonnerstag, an dem Familien miteinander die Abendmahlserzählung hören, singen, beten und spielen. Vor allen steht selbst gebackenes Brot und Traubensaft. Beides wird gesegnet, bevor alle gemeinsam essen und trinken. Das begeistert Kinder und Eltern.

Und zugleich sitzen andere vor dem Computer und verfolgen via Stream – mit Kaffee, vermuten argwöhnisch einige, aber wäre das schlimm? – die Heilige Messe aus einem Dom, aus einer Hauskapelle.

Aber 2021 können wir Ostern wieder in den Kirchengemeinden feiern. Und während ich in einer Gemeinde Gründonnerstag feiere, erwachsen in mir viele Fragen: Werden wir in Zukunft tatsächlich weiter so feiern können? Dieses Pandemie-Ostern offenbart Grenzen. Natürlich können wir in Bänken sitzen – schön hygienisch weit voneinander entfernt; natürlich können wir aufs Singen verzichten und hören stattdessen wunderbar eingespielte Lieder; natürlich können wir einander nicht die Füße waschen; natürlich können wir weiter dabei bleiben, die Eucharistie ohne den gemeinsamen Kelch zu feiern. Und alles ist gültig.

Aber: All das macht deutlich, dass hier die Sinnlichkeit der Liturgie, ihre erfahrungsorientierte Vollzugsdichte aufgehoben wird. Was bleibt, ist das Liturgieskelett. Und ich würde sagen, dass uns das durchaus in die Tiefe des Geheimnisses geführt hat, aber so ist es nicht gemeint.

Die Feier der Liturgie lebt von ihren Kontexten. Und so berühren mich Briefe einer Familiengruppe, die aufgrund der Schließung einer Bildungsstätte dort nicht mehr Ostern feiern kann. »Seit fünfundzwanzig Jahren sind wir immer hier. Seit meiner Geburt feiern wir Ostern. Und das ist nicht nur Liturgie, wir leben miteinander, wir spielen – wir haben Zugang zu Ostern gefunden, das hat meinen Glauben geprägt …«, so ähnlich schreibt mir eine junge Frau, die gewissermaßen seit ihrer Geburt dabei ist. »Das kann man in den Gemeinden nicht feiern, obwohl wir dort auch sehr engagiert sind«, schreibt ihre Mutter.

Das leuchtet mehr als ein. Denn in der Tat ist die Feier des Todes und der Auferstehung ein gemeinsamer Weg, ist die Liturgie dieser Tage nicht das Angebot drei verschiedener Feiern. Wer es wöchentlich erleben will, der muss nur einmal in Taizé dabei gewesen sein. Und es wird deutlich, dass die Feier der Liturgie einen Lebenskontext voraussetzt, ein gemeinsames Kircheleben – und wie wird das gelingen?

Das gemeinsame Leben, das Miteinander-Teilen, das Essen und die liturgische Feier hängen eng miteinander zusammen. Werden wir die großen Feiern unseres Glaubens einfach weiterzelebrieren können?

Die Antwort heißt: Nein. Die Pandemie legt es frei. Und es wird kein Zurück geben. Weil schon vorher eigentlich alles deutlich geworden war, was sich jetzt noch mehr Bahn bricht

Freisetzende Offenlegungen

»Die Katholiken machen, was sie wollen – damit muss die Kirche umgehen lernen«, so der Bochumer Pastoraltheologe Matthias Sellmann seinerzeit beim Katholikentag in Münster 2019. Und sie tun recht so, aus ihrem Glaubensempfinden heraus. Sie erfinden neue Formen von Gottesdiensten, fühlen sich genährt durch den Livestream bei Domradio, reisen zu Ostern in Klöster – jeder und jede, der oder die sucht, findet seinen oder ihren Weg.

Es geht nicht um die Ablösung einer Gottesdienstform durch andere, sondern um die Auflösung eines Grundgedankens: dass alle Getauften dasselbe brauchen müssten.

Das hat sich nämlich verändert – und war auch nie so. Es konnte so scheinen, weil es alternativlos war, ohne soziale Sanktionen nicht zum Gottesdienst zu gehen. Seitdem christlicher Glauben aber zu Beginn der 60er-Jahre zu einem persönlichen Weg, zu einer persönlichen Suchbewegung und zu einer persönlichen Wahlentscheidung geworden ist, wird deutlich, dass die Muster und Maß-stäbe zerbrechen.

Wer Gottesdienste mitfeiert, tut dies heute nicht mehr, weil er muss. Es ist Ausdruck einer Suche, einer anspruchsvollen Suche. Deswegen ist es mehr als schräg, dass Messpläne immer noch am Leben gehalten werden, auch wenn nicht sicher ist, mit welcher inneren Qualität die Gottesdienste gefeiert werden können. Und warum sperren sich Verantwortliche dagegen, die Namen der Vorsteher bekannt zu geben – wenn man doch weiß, dass Messfeier eben nicht gleich Messfeier ist und Predigten ganze Sonntage zerstören oder erbauen können?

Wie kommen wir eigentlich auf den Gedanken, dass alle in die Messe müssten – und wir deswegen die Messe als Normalfeier für alle vorsehen? Das entspricht überhaupt nicht der Glaubenssituation. Geradezu skurril wirkt in diesem Zusammenhang die theologische und praktische Dialektik von Messfeier und Wortgottesfeier: Es ist eben einerseits so, dass sich eine immer kleinere Gruppe von Herzen die Messe wünscht und deswegen auch immer auf der Suche ist, wo – in tiefer Weise – Eucharistie gefeiert wird. Und andererseits sind Wortgottesfeiern als Ersatz für nicht stattfindende Messen für viele keine Wahl. Aber darf nicht jeder wählen, was er braucht? Aber in der Tat ist diese Dualität nicht weiterführend. Es geht um anderes, Wichtigeres.

Kontextualität und Glaubenswege

Wenn auf der einen Seite der Sonntag seinen Charakter vollkommen verändert hat und nicht mehr der Ort der »einen Gemeinde« ist, weil es diese »eine Gemeinde« in ihrer Homogenität so nicht mehr gibt, wird gleichzeitig deutlich, wie wichtig Gottesdienste,

Liturgische Feiern sind. Ja, sie verdichten und bringen zum Ausdruck, was Menschen in ihrem Suchen nach einer Tiefendimension und nach Gott erahnen.

Wie beeindruckend waren in den vergangenen Jahren die Feiern, die ich unter der Leitung von zwei Gemeindereferentinnen mit Familien gestalten konnte. Wir feierten das Kirchenjahr, wir feierten Gottesdienst in einer den Familien angemessenen Weise. Nein, es brauchte nicht die Eucharistiefeier zu sein, um die Gegenwart Christi in ihrer Fülle zu erfahren. Es brauchte Zeichenhandlungen und einfache, familienangemessene Liturgien – und wir machten alle die Erfahrung der tiefen Berührung durch das Geheimnis Gottes.

Wer denkt in diesem Zusammenhang nicht an Krippenspiele, die nicht etwa große Shows brauchen, sondern angemessene Intensität – wer denkt nicht an die oft so einfachen Segnungsfeiern zur Einschulung?

Darum geht es doch! Es geht um das Ineinander von Lebenssituation und liturgischen Zeichenhandlungen. Es geht um die Feier der Gegenwart Gottes mitten in unserem Leben. Die Traditionen unserer Kirchen ermöglichen hier sehr viel, und es ist immer wieder sehr beeindruckend zu sehen, wie solche Gottesdienste zu tiefen geistlichen Erfahrungen werden.

Und genau das entspricht der Glaubenssituation, wie sie sich in den letzten Jahrzehnten zeigt: Wenn – wie wir sahen – von Pilgern und Konvertiten, von praktizierenden Katholikinnen und engagierten Suchenden zu sprechen ist; wenn Menschen in den unterschiedlichsten Phasen ihres Glaubensweges gemeinsam unterwegs sind, dann wäre es wichtig, dieses vielfältige Gefüge für normal zu halten.

Dann ist es nicht normal, dass wir am Sonntag Eucharistie feiern und vielleicht ab und zu auch Extragottesdienste. Dann wäre es normal, wenn wir bejahen, ermutigen und unterstützen, dass Menschen die Möglichkeit haben, ihren Glaubensweg angemessen zu feiern. Dann wäre es normal, wenn wir möglichst vielen Möglichkeiten geben, kontextuelle und kreative Liturgien zu entwickeln. Dann ist es kontraproduktiv, die Liturgien von ihrem Abstand zur Normfeier der Eucharistie zu bewerten ...

Wege in die Freiheit bahnen und die Frage nach der eucharistischen Tradition

Es stimmt einfach nicht. In postmodernen und postkonfessionellen Zeiten leben wir nicht mehr in der Zeit der Christianitas: einer Zeit, in der einfach postuliert wurde, dass diejenigen, die getauft und gefirmt wurden (als Kinder und Jugendliche), nun auch einen existenziellen Glaubensweg hinter sich haben.

Solange all dies zur ererbten volkskirchlichen Selbstverständlichkeit gehörte, solange man ein lokales »cuius regio – eius religio« durch Beichtbildchenkontrolle (heutzutage hat man es mit Unterschriften der Vorsteher geupdatet) gewährleisten konnte, konnte man Menschen bewegen, sonntags die Messe zu »besuchen«. In der Tat: Sprache ist und war verräterisch. Die Rede vom Kirchgang, die Rede vom Gottesdienstbesucher spiegeln diesen ziemlich formalen Zugang zum tiefsten Geheimnis des Glaubens wieder.

»Die Messe andächtig hören« – »die Messe lesen« – »zur Messe gehen«: Natürlich kann man so über die Eucharistiefeier reden, und dennoch spricht diese Sprache von einer vergangenen Welt. Zu dieser vergangenen Welt gehört auch die Illusion, dass Menschen jedwede Messe ertragen, die ihnen vor Ort »gelesen« wird. Das ist schon lange nicht mehr so, seitdem Menschen selbstbewusst auf der Suche sind.

Und das bedeutet aber auch, dass es zu den großen Irrtümern gehört, die Zahlen der Gottesdienstmitfeiernden zu messen und mit der Vergangenheit zu vergleichen: Eine postmoderne Situation verkehrt dies ins Absurde. Ja, man muss sagen: Das neue Gefüge und die neue Situation einer Kirche im Werden, eines Glaubens im Werden macht die herkömmlichen Messkriterien zu falschen Indikatoren.

Krass formuliert: Ist es wirklich wenig, wenn sich wenige Gläubige versammeln, egal ob es ein Prozent oder zehn Prozent sind? Das mag eine Niederlage sein, wenn man denkt, dass alle Getauften doch kommen müssten. Aber wir erinnern uns: Wir leben im 21. Jahrhundert. Und die Menschen, die sich heute zur Eucharistie versammeln, folgen einem inneren Ruf (sie würden sagen: einem inneren Bedürfnis). Und sie sind anspruchsvoll. Deswegen kann und darf es nicht darum gehen, eucharistische Gottesdienste »um jeden Preis« stattfinden zu lassen.

Nein, es darf nicht sein, dass wir die Tiefe und innere Dichte liturgischen Handelns des ganzen Gottesvolkes nicht im Blick haben: Nicht ein Priester feiert die Messe – und die Leute in den Bänken machen mit. Das ist keine Zukunftsperspektive!

Der Paradigmenwechsel zeigt sich deutlich. Schon im Zweiten Vatikanischen Konzil wurde deutlich, dass Liturgie als Quelle und Höhepunkt kirchlichen Lebens deutlich mehr ist als nur die Frage nach der Verständlichkeit der Liturgie in der eigenen Sprache. Wie schon seiner Zeit Joseph Ratzinger bemerkte, geht es hier um mehr: Die liturgische Landessprache fordert mehr als eine rituelle Korrektheit.

Denn in der Architektur eines existenziell ergriffenen Glaubens will auch die Feier der Liturgie – wie es in der Logik der liturgischen Theologie des II. Vatikanischen Konzils verankert ist – existenziell gefeiert werden. Von daher stimmt alles: Natürlich ist die

Eucharistie »Höhepunkt und Quelle«, wenn gleichzeitig gilt, dass der kirchliche Rahmen der Partizipation gelebt wird – von denen, die diese Feier feiern.

Und deswegen ist klar: Irgendwie stehen wir am Anfang eines Wandels, den wir noch nicht ganz wahrgenommen haben. Wie kann es sein, dass wir immer noch »in Bänken« feiern? Wie kann es sein, dass Eucharistiefeiern oft so kontextlos gefeiert werden – und es immer noch heißt: »Wir feiern die Messe so, wie Sie das wollen, Herr Pfarrer.« Wie oft habe ich erlebt, dass mir Küster resigniert erzählten: »Hier macht es jeder anders – machen Sie es auch so …«

Der Aufbruch in eine neue Freiheit besteht also simpel darin, Menschen zu ermöglichen, die liturgische Feier der Eucharistie tiefer mitvollziehen zu können. Die Kunst, den Gottesdienst zu feiern, besteht eben auch und vor allem darin, Menschen zu inneren Teilhabern an der Tiefe dieser Feier zu machen.

Sehr häufig wird darüber geredet, dass die Texte der Liturgie und der Tagesgebete abgehoben und unverständlich seien. Ich bin nicht dieser Meinung – aber von selbst erschließen sie sich nicht. Und sie sind eben gebunden als eine »Mystagogie« an eine Einführung in die Mitte des Glaubensgeheimnisses: Das ist kein intellektuelles Unternehmen, sondern ein Weg, der Schritt für Schritt einer Gemeinschaft den Zugang zur Erfahrung Gottes im Vollzug des Lebens und des Feierns eröffnet.

Und natürlich braucht es hier Zeit. Immer wieder denke ich daran, dass ich – in Zeiten als Pfarrer – erlebt habe, wie wir mit Christinnen und Christen die eucharistische Liturgie vertieft haben, mit dem Wunsch, die Feier anders zu gestalten. Wir kamen immer wieder darauf, dass die Freiheit zur Gestaltung nicht davon abhängt, dass wir Neues erfinden oder extra Action einfügen – die Freiheit bestand darin, die klassischen Bilder zu verlieren. Mir ist es einmal bei einem Besuch in Österreich, in einer Kirche in Windischgarsten, deutlich geworden. In der Tat waren die Bänke dort so eng, dass ich dort weder richtig aufrecht stehen noch richtig sitzen, noch richtig knien konnte: Es ging darum, mich richtig in einen Platz einzuschrauben. Das macht noch einmal deutlich, worum es eigentlich ging und worum es nicht ging.

Diese Prägungen, die es im Katholizismus wie im Protestantismus gibt, verknüpfen liturgische Vollzüge so eng mit Bildern, dass es schwierig ist, den inneren Sinn der Liturgie zu erschließen. Und natürlich hängt es mit einer existenziellen Glaubensumkehr zusammen, ob überhaupt Gebete ergreifen können: Was heißt es denn, wenn in den Tagesgebeten immer wieder davon gesprochen wird, dass wir befreit, erlöst sind? Wie fühlen wir uns, wenn uns zugesprochen wird, dass wir Anteil haben an der göttlichen Natur? Ich kann sehr gut verstehen, dass dies nicht aus sich selbst verständlich ist. Aber was bedeutet das – neben der fehlenden liturgischen Einführung?

Niemand wird mir erklären können, dass die unwürdigen Szenen vor Erstkommunionen und Firmungen – das »Üben« – mehr sind als der Versuch, unabhängig vom inneren Verstehen der Liturgie eine äußerliche Disziplin zu erzeugen. Und da dies immer noch geschieht, wird deutlich, dass wir die neue Freiheit noch nicht gefunden haben. Wenn es früher genügte zu wissen, was man in jedem Moment zu machen, nicht zu machen oder zu antworten habe, führt das heute dazu, dass Menschen dann, wenn sie sich einfach nur domestiziert fühlen, nicht mehr lange dabei sein werden. »Es ist langweilig« – »Ich verstehe das nicht« – »Mir bringt das nichts«, sagen deshalb Kinder und bringen doch nur zum Ausdruck, was Erwachsene auch sagen würden, wären sie noch dabei.

Und umgekehrt wird damit klar, dass die Eucharistie nur dann Quelle und Höhepunkt des christlichen Lebens und der christlichen Liturgie sein kann, wenn die Wege des Christwerdens, die Praxis des Glaubens, die Erfahrung der Gemeinschaft, das Hören der Schrift, die Leidenschaft für die »Armen und Bedrängten jedweder Art« die Sehnsucht nach Nahrung, nach Tiefe, nach Sättigung im Geheimnis hervorbringen.

Sich dem Geheimnis annähern – Schritt für Schritt in die Freiheit

Und deswegen dürfen wir lernen, lernen von der alten Kirche, von den ersten Christen. Im Unterschied zu Zeiten, in denen das Christsein eine politische Pflicht war, haben wir heute wieder die Freiheit, uns als »erste Christen« zu entdecken. Wer Christ werden mag, wird sich auf dem Weg der Nachfolge verstehen. Und es geht nicht darum, ob und wann er oder sie eine Eucharistiefeier »besucht«, sondern ob es allen, die wollen, ermöglicht werden kann, ihren Glauben zu leben und zu feiern.

Wer genau hinschaut, sieht, dass genau dies passiert: die vielen leeren Eucharistiefeiern, die kaum wiederspiegeln, was eigentlich gemeint ist – die Sehnsucht vieler Christinnen und Christen nach gottvollen Feiern, an denen sie innerlich und äußerlich partizipieren können. Dort, wo diese Sehnsucht erfüllt wird, spüren es alle, und können endlich erfahren, was es heißt, in der Fülle des Geistes gesandt zu sein.

Aber klar ist ja damit auch: Christinnen und Christen wissen, was sie brauchen. Und so handeln sie auch. Wer also Weihnachten zur Kirche geht, wer es Ostern nicht tut, wer begeistert das Krippenspiel oder den Zoom-Gründonnerstag miterlebt – der versucht, eine Resonanz auf seine innere Sehnsucht zu geben. Jeden Tag oder jeden Sonntag die Eucharistie zu feiern, ist dann aber nichts anderes: Antwort auf das innere Sehnen zu geben, das Gottes Geist ermöglicht.

Dieser existenzielle Zugang zum Gottesdienst ist verbunden mit dem eigenen Glaubensweg, und dieser ist das tiefste Geheimnis eines jeden Menschen. Es ist zutiefst zu würdigen und spricht für die persönliche und spirituelle Reife unserer Mitmenschen, dass sie ziemlich genau wissen, was sie brauchen, um ihren Glaubensweg gehen zu können.

Verwundert dieses positive Urteil? Mit welchem anderen Menschenbild sind wir dann bislang unterwegs gewesen? Es verrät eine durch und durch klerikale Grundprägung, wenn man meint, die anderen durch das eigene Mehr-Wissen, Mehr-Können und Mehr-Machthaben nötigen zu können. Es gehört zur Demut der Zukunft, sich an den Wegen aller Geschwister zu erfreuen – und allen Räume zu eröffnen, ihren nächsten Schritt gut gehen zu können.

Arkandisziplin reloaded

Das ist keine neue Erkenntnis, im Gegenteil: Die alte Kirche kannte diesen Zusammenhang unter dem Stichwort der »Arkandisziplin«. Er taucht in den eben reflektierten Beobachtungen in neuem Gewand und geradezu »umgekehrt« neu auf. Für die frühe Kirche wäre es undenkbar gewesen, dass Ungetaufte am eucharistischen Gottesdienst vollständig teilnehmen dürfen. Denn der Zusammenhang zwischen existenziellem Nachfolgeweg und Hineinwachsen in die Logik und Praxis des Christwerdens in Gemeinschaft und der Feier der liturgischen Vollzüge war den frühen Christen wichtig. Sie verstanden dies als eine Art Pädagogik und Wachstumsbegleitung.

Es änderte sich in dem Moment, als es Pflicht wurde, Christ oder Christin zu sein. Es änderte sich, als eine formale Zugehörigkeit formale Pflichten zur Folge hatte. In dieser Zeit entstand die Rede vom Sonntagsgebot, weil existenziell nicht mehr klar war, was denn eigentlich das Ursprungsgeheimnis unseres Glaubens bedeutete. Ein solches Verständnis von liturgischen Vorgaben, sittlichen und moralischen Gesetzen und ihrer konsequenten Einforderung hat sehr viel mit einer klerikalen Kirche zu tun. Hier der Stand der machtvoll Wissenden, dort die Ausführenden, hier die, die predigen, dort die, die gehorchen. Gleichberechtigung und gleiche Würde stehen ihnen nicht zu, denn sie sind unwissend.

Auch wenn dies eine Karikatur ist – es war ja nie das ganze Bild, aber vielleicht lässt sich – bis heute – verstehen, warum charismatische Aufbrüche und Orden, sogenannte Bewegungen und andere geistliche Initiativen so argwöhnisch beobachtet werden, nehmen doch hier Glaubende ihre existenzielle Sehnsucht in aller Ambivalenz und Unschärfe wahr: Beginen, Franziskaner, die Devotio moderna, Jesuiten, Fokolare und die Mehr-Konferenz auf katholischer Seite, die evangelikal gebrandmarkten Freikirchen auf der anderen Seite.

Heute zeigt sich die Arkandisziplin in der radikalen – und oft vielleicht individualistisch einseitigen – subjektorientierten Variante. Wie von selbst entscheiden sich Christinnen und Christen aller Altersgruppen für ihren Suchweg. Wie von selbst und oft für sie selbst überraschend entdecken Menschen einen Zugang zum Gottesgeheimnis und auch zu seiner Feier, weil sie »instinktiv«, »gnadenhaft« ihrem Weg folgen.

Viele Christen kommen glücklicherweise gar nicht auf die Idee, dass sie zum Gottesdienst müssten. Und es gehört zu den skurrilen Ungleichzeitigkeiten in der Coronapandemie, dass Bischöfe sich genötigt sahen, die Sonntagspflicht auszusetzen, während für die meisten Christinnen und Christen diese Aussage höchst irritierend war. Selten konnte man die Ungleichzeitigkeit der Paradigmen so deutlich sehen.

Die neue liturgische Freiheit kreativen Christwerdens

Ich sitze – mal wieder – in einer Zoom-Konferenz. Ich höre von einer Erfahrung, wie in einer Pfarrei diese Ungleichzeitigkeit gelebt wird. Ein Priester feiert – in einer seiner Pfarreien – in klassischer Form das Geheimnis der drei österlichen Tage. In der anderen Form setzen sich Interessierte weit im Vorfeld zusammen und bereiten andere Kar- und Osterliturgien vor: Die Kirche wurde umgeräumt, und die Liturgien orientierten sich an den Festgeheimnissen. Die so entstandenen Gottesdienste und Liturgie waren anders: kontextuell einerseits – mit einer anderen Raumerfahrung, und vor allem viel mehr als nur Liturgie. »Wir haben schon im Vorfeld gemerkt, dass uns das gemeinsame Nachdenken über diese Feiern in eine neue Gemeinschaft zusammengeführt hat – und Energie und Freude waren spürbar … Und auch wenn Corona vorbei ist – das werden wir wieder machen.«

Was hier begeistert erzählt wird, habe ich in den vergangenen Jahren mit dem philippinischen Kirchenentwicklungsteam von Bukal Ng Tipan lernen dürfen. Für die Geschwister aus Manila ist klar, dass die Erfahrung kirchlichen Lebens und kirchlichen Selbstverstehens eng mit der Art und Weise zusammenhängt, wie wir Liturgie feiern.

Ich durfte lernen, wie man mit Gruppen in Workshops kontextuelle Gottesdienste feiern kann und wie dies zusammenhängt mit der Heiligen Schrift und mit dem, was wir gemeinsam erlernen wollten. Die »Summerschools«, die wir im vergangenen Jahrzehnt miteinander erlebten, waren gekennzeichnet durch solche Erfahrungen und Lernprozesse, wie wir selbst frei wurden von alten Bildern und so neu die Freiheit erwarben, kontextuelle Liturgien zu gestalten und zu feiern.

Es ist alles bereit ...

Ich bin sehr beeindruckt. So viele engagierte Christinnen und Christen in unseren Bistümern engagieren sich in liturgischen Diensten. Sie sind oft gut vorbereitet, gut ausgebildet und äußerst leidenschaftlich engagiert. Das ist eine gute Voraussetzung für den Ausbruch in die neue Welt einer deutlich liquideren Kirche und Liturgie.

Aber oft bleibt es nur bei einer oberflächlichen liturgischen Einführung. Oft fehlt das große Bild der Freiheit – und noch wird der Hunger nicht gestillt, wirklich in der Tiefe neu zu verstehen, was Gottesdienst wirklich bedeutet und wie er authentisch gestaltet werden kann. Dazu fehlt es noch an Bildungsprozessen, auf die es ankommen wird: dass Menschen mit großer Freiheit und der Sensibilität für die Kontexte und Gelegenheiten liturgisches Feiern gestalten. Erst dann wäre die Demut einer professionellen und liturgietheologisch geprägten Begleiterschaft von Hauptberuflichen und Priestern erreicht, würden sie diese Freiheit ermöglichen und die Selbstständigkeit der schon mündigen Christinnen und Christen fördern.

Wir sind am Anfang, und wir sind schon mittendrin. Eigentlich ist schon alles da. Und auch unsere heiligsten Traditionen und dogmatischen Wahrheiten fordern diese neue Freiheit ... Legen wir los!

Ein hoffnungsfrohes Schlusswort: Von Bonhoeffer und Delp und den Anglikanern

Wir stehen am Ursprung. Am Ur-sprung. Denn ein Gefüge zerbricht. Und es geht nicht um eine Reform, sondern um eine Neugeburt. Nach dem Sterben. In den Überlegungen dieses Buches versuche ich, einige Perspektiven jenseits der derzeitigen oft fast unbewussten Verfangenheiten zu benennen. Mit Leidenschaft und manchmal spitzer Feder. Denn mir hat es gereicht. Die besten Zukunftsüberlegungen werden eingeordnet in das eigene Arsenal konfrontativer Dialektik – und meist alter Kirchenbilder und Handlungsmuster. Das Spiel wollte ich nicht spielen. Es ist Zeit für einen neuen Aufbruch.

Und es ist Zeit zu sterben. Denn das Geheimnis von Kreuz und Auferstehung prägt Geschichte und Kirchengeschichte. Und die Kunst zu sterben beherrschen wir nicht. Aber umgekehrt ging es mir immer schon so: Der vertrauensvolle Blick auf die Gegenwart und das unbändige Wirken des Geistes inmitten der Menschheit, inmitten des Volkes Gottes, hat mir immer eine leidenschaftliche Freude an der spürbaren Gegenwart Gottes gegeben.

Jeder und jede von uns ist schon Karussell gefahren. Und manchmal wird einem dabei schwindlig. Definitiv schwindlig wird mir aber – und ich erinnere mich gut! –, wenn auch die Mitte, um die man sich dreht, in Bewegung gerät. Und der Prozess, der uns als Volk Gottes Schwindel verursacht, ist eben heute der tiefgreifende Wandel des Betriebssystems, den wir uns nicht gewünscht haben.

Aber wenn wir alle als Kirche im Wandel eines Betriebssystems stehen und uns nicht nur partielle Reformanmutungen erschöpfen, dann kommen uns viele Kategorien und damit auch Sicherheiten abhanden. Dann gilt es, neu vom Ur-sprung her zu denken.

»Beten und Tun des Gerechten«

»Unsere Kirche, die in diesen Jahren nur um ihre Selbsterhaltung gekämpft hat, als sei sie ein Selbstzweck, ist unfähig, Träger des versöhnenden und erlösenden Wortes für die Menschen und für die Welt zu sein ... Darum müssen die früheren Worte kraftlos werden und verstummen, und unser Christsein wird heute nur in zweierlei bestehen: im Beten und im Tun des Gerechten unter den Menschen. Alles Denken, Reden und Organisieren in den Dingen des Christentums muss neu geboren werden aus diesem Beten und diesem Tun« (Dietrich Bonhoeffer, Widerstand und Ergebung, DBW 9, 435f).

So sagt Bonhoeffer. Und warnt. Diesen Prozess kann man nicht abkürzen. Es geht darum, diesen Wandlungsprozess und die Ekklesiogenese »zu Gottes Zeit« auszuhalten und diese Entwicklung nicht zu stoppen. Und es geht darum, nicht zu früh nach einer neuen Gestalt zu suchen, sondern zu akzeptieren, dass neue Verkündigung und neues Wort, neue Kirchengestalt und neue Ausstrahlung möglicherweise einen längeren Weg in unsicherem und komplexem Gelände dieser Welt bedeuten könnten.

Aber entscheidend wird das »Zweierlei« sein. Das Beten – und gemeint ist hier ja nicht, einfach »viel zu beten«, sondern eine ursprüngliche Verwurzelung in die Gemeinschaft mit Jesus Christus, die mutig vertraut, dass er die Wege kennt. Das »Tun des Gerechten« hingegen verweist auf die Leidenschaft für den Nächsten, für die Menschen – und damit das »Hineingerissenwerden« in die Leidenschaft der Liebe zu allen Menschen, besonders den Armen. Darum geht es eigentlich. Und so ist es ja auch: Das ist die Sendung, das sind wir, mit unseren Gaben und Charismen.

Und ich kann mich des Eindrucks nicht erwehren, dass hinter und mitten unter den Zerbrochenheiten und Untergängen einer liebgewordenen und gern gehassten Kirchengestalt das Neue schon aufgebrochen ist. Wenn ich genau hinschaue, erlebe ich tiefe Suche, echte Sehnsucht nach Verwurzelung, grandiose Hingabe – allein fehlt oft die Freiheit zum letzten Schritt.

Das muss kein »Austritt« aus einer Organisation sein. Vielleicht ist das oft ein viel zu politischer oder demonstrativer Akt. Es braucht auch nicht die rituelle Dialektik, das Klagen und Schimpfen, was enorme Energie raubt, ohne dass Zukunft erkennbar wird. Natürlich ist hier kein Schweigen gemeint: Missbrauch, Missbräuche müssen genannt und aufgearbeitet werden. Konsequenzen werden notwendig, aber nicht notwendend sein. Denn der Umbruch wird deutlich radikaler sein. Und deswegen wird auf jeden Fall eine Umkehr vor uns stehen: die Frage, ob wir uns einlassen auf eine nackte Radikalität des Evangeliums, die es dem Wirken des Geistes überlässt und zugleich damit rechnet, dass Kirche geboren werden kann – in welcher überraschenden Gestalt auch immer.

»Schicksal der Kirchen«

Alfred Delp diagnostiziert in seinen letzten Schriften genau diese Herausforderung. »Gerade in den letzten Zeiten hat ein müde gewordener Mensch in der Kirche auch nur den müde gewordenen Menschen gefunden. Der dann noch die Unehrlichkeit beging, seine Müdigkeit hinter frommen Worten und Gebärden zu tarnen« (Alfred Delp, Das Schicksal der Kirchen, 318f). Seine Analyse lässt nichts aus: Sie fordert von der Kirche eine Demut, damit sie Zukunft gewinnt – in einer radikal anderen Weise.

Delp sieht die Zukunft der Kirchen nur in einer radikalen diakonischen Hinwendung zum Menschen – in einer dienenden Rolle, »in einem Dienst, den die Not der Menschen bestimmt, nicht unser Geschmack« (319). »Damit meine ich das Sich-Gesellen zum Menschen in allen seinen Situationen«, absichtslos. »Damit meine ich das Nachgehen und Nachwandern auch in die äußersten Verlorenheiten und Verstiegenheiten des Menschen, um bei ihm zu sein genau und gerade dann, wenn ihn Verlorenheit und Verstiegenheit umgeben. »Geht hinaus«, hat der Meister gesagt, und nicht: »Setzt euch hin und wartet, ob einer kommt ...« (319). Damit ist deutlich, dass der Ansatz Delps auf eine tiefgreifende Neuformatierung der Kirche aus der Leidenschaft für den Menschen, aus der Sendung zum Dienst wächst. Doch dies kann nur »gewollt werden, wenn aus der Kirche wieder erfüllte Menschen kommen ... Die erfüllten Menschen, nicht die heilsängstlichen oder pfarrerhörigen erschreckten Karikaturen ... Ob die Kirchen den erfüllten, den von den göttlichen Kräften erfüllten, schöpferischen Menschen noch einmal aus sich entlassen, das ist ihr Schicksal« (321). So wird deutlich, dass die Leidenschaft für Sendung und Dienst eng verknüpft ist mit einer Rückkehr zur Leidenschaft für Gott, die auf alles verzichten kann – und die neu sehen lernt, spüren lernt, was Gott will.

Doch dazu muss die Kirche sich wandeln, denn sie steht sich in »ihrer historisch gewordenen Daseinsweise selbst im Weg«. »Ich glaube, überall da, wo wir uns nicht freiwillig um des Lebens willen von der Lebensweise trennen, wird die geschehene Geschichte uns als richtender und zerstörender Blitz treffen. Das gilt sowohl für das persönliche Schicksal des einzelnen kirchlichen Menschen wie auch für die Institutionen und Brauchtümer. Wir sind trotz aller Richtigkeit und Rechtgläubigkeit an einem toten Punkt« (321). Darum geht es für Delp um Diakonie und echte Glaubenswege. Dieser Perspektive nach innen und nach außen muss alles untergeordnet werden.

Und ich erlebe es auch. Wir werden immer wieder und von Neuem Kirche. Wir sind es schon. Wir sind schon im Werden. Wo immer der Mut wächst, sich innerlich zu lösen von festen Bildern, von Gefangenschaften und Gegenabhängigkeiten – da ist sie schon im Werden. Und das Erstaunlich dabei ist: Wir werden dann entdecken, dass wir – in einer sorgfältigen und synodalen Relecture unserer Tradition – neue Freiheit und Geistkraft schöpfen könnten.

Vielleicht ist es das, was mich bei meinen Besuchen in England immer so beeindruckt hat: die spirituelle Verwurzelung und also Radikalität des Ursprungs. Menschen aller Altersgruppen setzen sich der Wirklichkeit aus, in der Kraft und Leidenschaft des Evangeliums. Und es war nicht so wichtig, ob Strukturen oder Geld oder Zustimmung kamen. Denn am Anfang war dieses Handeln ein einsames Handeln. Erst später fanden sich Worte, um zu fassen, worum es eigentlich ging. Das dauerte seine Zeit – auch im pragmatischen England gab es Angst um den Bestandserhalt gewachsener restvolkskirchlicher Strukturen. Auch in England gab es eine – unbegründete – Angst vor einer postkonfessionellen Verfreikirchlichung. Auch in England gab es die Sorge um eine Konkurrenz von neuen und alten Formen und den möglichen Verlust der Tradition.

Und dann wurde deutlich: Was hier neu entsteht, neu wächst, ist nicht einfach neu, sondern Frucht einer angemessenen und inkulturierten Verkündigung des Evangeliums: Und was wirklich »afresh« verkündet wird, bringt »fresh expressions of church« hervor: Gemeindeformen mitten im Leben der Menschen in unserer Zeit. Sie wachsen, entstehen, kommen ans Licht, weil die Leidenschaft der Sendung solche neue Gestalten hervorbringt und gleichzeitig gewachsenen Gestalten ein klareres Profil schenkt.

Auf diesem Weg sind auch wir. Wir erleben es schon, wenn wir es sehen wollen. Die Impulse dieses Buches wollen den Horizont dieser Verwandlung aufreißen und über die neuen Perspektiven und Sichtweisen, die sich überraschend zeigen, in ein gemeinsames Gespräch kommen.

Dank

Bücher wachsen. Sie entstehen nicht von allein. All denen möchte ich danken, mit denen ich in den vergangenen Jahren auf dem Weg sein durfte. Ganz besonders geht mein Dank an meine Mitarbeiterinnen und Mitarbeiter in den Abteilungen des Generalvikariats und besonders der Hauptabteilung Pastoral. Zusammen mit euch allen dürfen wir die Zukunft gestalten. Danke allen, mit denen ich über die Zukunft nachdenken durfte: Mark Lesage, Estela Padilla, Aleli Guitierrez, Fritz Lobinger, Matthias Kaune, Gabriele Viecens, Michael Moynagh, Ruedi Beck, Sabine Brändlin, Martin Piller und so vielen anderen – aber vor allem danke ich Gott für das staunenswerte Volk Gottes, das in der Kraft des Geistes die Zukunft hervorbringt und hervorlebt. Ein besonderer Dank geht an Siri und Markus Fuhrmann, die mir das Schreiben auf Norderney ermöglicht haben. Ebenfalls bedanken möchte ich mich bei allen, die im Kösel-Verlag mein Manuskript so sorgsam über alle Klippen geführt haben: Uwe Globisch inspirierte mich zu diesem Unternehmen, Michaela Breit und Luise Ritter begleiteten freundlich den Entstehungsprozess. Gerne und mit Freude habe ich eine wunderbare Form von Zusammenarbeit erlebt.

Literatur zum Weiterlesen

In diesem Buch habe ich einige Lesefrüchte benannt, Bücher, die weiter in die Tiefe gehen, denen ich wichtige, originelle und spannende Einsichten verdanke. Die möchte ich weiterempfehlen:

Bonhoeffer, Dietrich, Widerstand und Ergebung, DBW, Gütersloh 1999.

Delp, Alfred, Aufzeichnungen aus dem Gefängnis, Freiburg 2019.

Fabene, Fabio, Sinfonia di ministeri. Una rinnovata presenza dei laici nella Chiesa. Prefazione di Papa Francesco, Cinisello Balsamo 2020.

Feiter, Reinhard / Müller, Hadwig, Frei geben. Pastoraltheologische Impulse aus Frankreich, Mainz 2012.

Hennecke, Christian, Kirche, die über den Jordan geht, Münster [5]2011.

Hennecke, Christian, Lust auf Morgen, Münster 2020.

Herrmann, Maria / Bils, Sandra, Vom Wandern und Wundern, Fremdsein und prophetische Ungeduld in der Kirche, Würzburg 2017.

Hervieu-Léger, Danièle, Pilger und Konvertiten, Religion in Bewegung, Baden-Baden 2004.

Hirmer, Oswald / Steins, Georg, Gemeinschaft im Wort, München 1999.

Jenkins, Philip, Die Zukunft des Christentums, Gießen 2005.

Kim-Schwope, Samuel / Knop, Julia / Kranemann, Benedikt, Die Kirche und ihr Personal, Würzburg 2020.

Leppin, Volker / Sattler, Dorothea, Gemeinsam am Tisch des Herrn – Ein Votum des Ökumenischen Arbeitskreises, Freiburg/Göttingen 2020.

Moynagh, Michael, FreshX – Das Praxisbuch, Gießen 2016.

Moynagh, Michael, Church in Life, London 2017.

Neuner, Peter, Abschied von der Ständekirche, Freiburg 2015.

Reil, Harald, Pfadabhängigkeit. Ist der langsame Weg in die Erstarrung vermeidbar?, München 2015.

Theobald, Christoph, Christentum als Stil. Für ein zeitgemäßes Glaubensverständnis in Europa, Freiburg 2018.

Zulehner, Paul / Lobinger, Fritz, Leutepriester in lebendigen Gemeinden, Ostfildern 2003.